JN297226

博物館学特論
博物館と考古学の接点を求めて

鷹野　光行

慶友社

はじめに

　いまの職を得て、まもなく30年になる。ということは私の博物館学との関わりもそれだけの年数がたったということである。今般、自分にとって区切りの年を迎えたこともあり、それを機会にいままで発表してきたものを見直してみた。

　博物館をめぐってはその存在を危うくするような社会の流れにさらされ、冬の時代であるとか、氷河期だなどと危機的な状況にあることばかり強く喧伝されているように思う。博物館はだれもが夢を持って楽しく学べる場であるはずなのに、どうしてこうなってしまったのだろう。博物館が変わってしまったのか、利用する人が変わってしまったのか。ここ30年の間に社会が、もっと大げさに言えば文化が変わってきていることは自分自身の実感として感ずるところもある。博物館は社会の変化とは別の次元での不変の存在でなければならない部分もあるだろうが、その存在基盤が社会にある以上、社会の変化に対応しなければならない変化もあり得ることである。30年近く前に書いた一文を読み直してみたところ、今でも同じことを言いそうだな、というものがあった。そうすると、博物館は変わらなければならなかった所が変わっていないのではないか、そんな気持ちにもなった。

　そこで、この拙文集には、これまで発表してきたものの中からあまり人目に触れる機会の少なかったであろうものを中心に選び、原則として古いものもそのまま、内容やデータに手を入れずに再掲することとした。題名も変えていない。ただ、重複する記述のあるところ、明らかにおかしな表現や語句はできるだけ正し、あまりにも古いデータについてはできるだけ最新の情報を「注」にして示した。講演させていただいたところでの記録は、口調はそのままにし、全体で統一をとることはしなかった。その講演がどのような背景・場でおこなわれたかを示した方がよいと考えたものについては本文の冒頭や末尾にその説明を

入れたところがある。また編集部の勧めに従って、原文にはないものでも、写真をできるだけ取り込むことにした。全体を大きく4つのジャンルに分け、それぞれの中では発表年代順に並べた。最後にまとめて発表年などをしるしたが、章が変わると急に25年も前の内容に戻ってしまう、という箇所も生じたがご寛恕願いたい。

 2010年1月15日

目　　次

はじめに

第1章　博物館を考える ——————————— 5
  1　博物館の現状をめぐって　　　　　6
  2　展示の意義について　　　　　15
  3　社会教育と文化——文化財の保護の観点から——　　　　　23
  4　博物館をつくろう　　　　　31
  5　制度からみた博物館　　　　　41
  6　エコミュゼと生涯学習　　　　　51
  7　博物館ボランティアを考える　　　　　57
  8　これからの中小地方博物館の在り方　　　　　66
  9　文化財保護機関としての博物館の成り立ち　　　　　70
 10　博物館とは何か　　　　　80

第2章　学芸員の制度をめぐって ——————————— 89
  1　学芸員をめぐる課題——解決への方策を探りながら——　　　　　90
  2　「博物館情報論」と「博物館経営論」　　　　　99
  3　日本学術会議の二つの報告を読んで　　　　　106
  4　学芸員養成に関する大学の課題　　　　　114

第 3 章　博物館実習のあれこれ ───── 119
　1　お茶の水女子大学の実習の現状　　120
　2　学芸員養成における博物館実習について　　125
　3　博物館実習を考える　　133

第 4 章　考古学と博物館 ───── 141
　1　野外博物館の効用──遺跡を活用する視点から──　142
　2　博物館資料としての考古学資料　　162
　3　遺跡の整備・活用について──タイにおける事例を中心に──　173
　4　イタリア共和国・タルクィニアの調査　　198

　おわりに　　207

1　博物館を考える

1　博物館の現状をめぐって

（1）　博物館ブームの背景

　博物館や美術館のブームである、といわれる。
　博物館といっても、博物館法の適用をうける登録博物館から博物館類似施設としてまとめられるものまで、また国立の大博物館から美術館、動・植物園、水族館、身近の市町村にある資料館に至るまでを含んでいる（以下「博物館」という語でこれらを代表させるものとする）。
　日本博物館協会の調査による(1)と、1983年3月現在、博物館は2,263館を数える。もっとも1981年の同協会による博物館利用に関するアンケート調査では2,700館を対象とした(2)とのことなので、現在は3,000にも及ぼうとするこの種の施設があるのであろう。仮に、2,263館をそのままとって単純にならしてみても、一都道府県当たり48館強が存在することになり、10年前の約2倍である(3)。
　このように博物館が増加してきた原因めいたことを考えてみると、第一に、わが国の経済成長や生活様式の急激な変化やさまざまな形の開発行為の中で、早急に保存措置を講じないと手遅れとなって永久に消滅しかねない諸々の事象が、人文・自然を問わず顕在化してきたこと。第二に、国民全般の中流階層意識化、これを受ける形で国や地方自治体の政策に「文化」を重視する傾向がみられるようになったこと、悪くいうと「文化」を「票」に結びつけようとする政策がとられるようになったこと。また第三には、これと関連して国の交付する博物館に関する補助金の増額化、などがあげられよう。
　とくに、文化を政策に、そして票に反映させようとする自治体の意志は重要である。ある町にきわめて貴重な文化財が多数存在していても、それらを収蔵・展示する施設（何も博物館に限らなくてもよい）をつくって市民に還元させようとする意識がその町の首長になければ、博物館などできようもないし、あたら貴重な文化財も、一部の研究者のような立場の人にのみ知られるだけで、社会

的には埋もれたものになってしまう。とくに埋蔵文化財の場合など、多くの場合、発掘調査には市なり町なりの経費、いい換えると市民の税金が使われるのであり、調査によって得られた成果、出土した遺物についてはきちんとした報告書をつくり、さらに博物館に展示公開してはじめて市民に還元したことになるのである。これは発掘調査に税金を支出したことに対する自治体の責任であろう。

　しかし、こうした目的のための博物館をつくるつくらないはその自治体の執行部の意志ひとつでもあるのだが、それだけに博物館の建設は彼らの文化的水準をも示すことにもなる。博物館などの建設は、市長や町長の仕事のうちでも目にみえる実績として残るので、非常に有効に票に結びつけられるはずであるが……。

　国の補助金は、博物館法第24条に従い、1951年度以来交付されているが、1980年度には14館分13億4,700万円が建設費の補助金として交付された(4)。またこれとは別に、文化庁は地方歴史民俗資料館の建設にも補助金を交付（1983年度41館分3億1,600万円）して、積極的にその建設を進めている。

（2）　実物に接する意義

　ではなぜいま、博物館なのか。つまり政策を動かしめる博物館への市民の側の要求は何なのだろうか。衆知のとおり、博物館にはいろいろな「モノ」が展示されている。モノというのは、美術館でいえば絵画や彫刻であり、動物園でいえば象や虎、猿など、また郷土資料館では「博物館行き」ということばで象徴されるような古物や、遺跡から出土した土器や石器、唐箕、千歯扱といった農具をはじめとする民俗資料などである。

　現代のようにテレビなどマスコミュニケーションの果たす役割の大きい社会の中でかように多くの博物館がつくられるというのは、どういうことなのか。テレビをみていれば居ながらにして世界中のいろいろな人々の生活のようすを知ることができるし、日常の生活に必要かつ役立つ種々の情報が得られ、また絵画や彫刻の名作もすぐ手近なところでみることができる。また新聞も、最近では毎日のニュースを伝えるだけでなく、文化欄や家庭面を充実させて広い情報を家庭に伝えている。日曜版などには、カラー印刷で世界の名画を掲載するところもある。したがって最近は、わざわざ博物館へでかけなくても、博物館

で得られるのと同じような情報を得ることも可能だといってもよさそうだ。
　しかし、これらのマスコミが与えてくれる情報は、ブラウン管や印刷機を介在しての間接的なものであり、それもその情報を流そうとするディレクターや編集者の意図や選択も加わったものであるので、必ずしも我々を十分に満足させてくれるものではないであろうし、絵画でいえば本物のもつ微妙なトーンのちがいや雰囲気、歴史資料でいえばその資料の大きさや色なども伝えられにくい。博物館で得られる情報がマスコミによるそれに優っているのは、まさにこの点、直接に自分で実物に接することができることなのであり、人々が博物館を求める理由の一つもここにあろう。明治初期、近代日本に博物館が導入された当初、佐野常民が、
　　博物館ノ主旨ハ眼目ノ教ニヨリテ人ノ智巧技芸ヲ開進セシムルニ在リ(5)
と述べた如く、すでに博物館が教育的機能をもったものであることが確認されていたのである。
　博物館には資料としてさまざまな「本物・実物」が収蔵されており、これをみることによって諸々の事象の迅速な理解が得られ、正しい情報も得られる。もっとも、最近の博物館は、実物資料の不足を模型やレプリカで補っているところも少なくないし、むしろそれらを主に展示を構成している博物館もみられる。
　教育、という機能だけをとればそれでもよいのかもしれないが、博物館は実物資料があってそれを活用するからこそ、単なる教育機関ではなくて博物館なのであり、展示されている資料につけられた解説の片隅に小さく「模造」と書かれているのをみた時に何ともいえないような気分になるのは、筆者だけではあるまい。その館でどうしても確保できない資料についてやむを得ずレプリカで補うといった方策は、積極的にとられてしかるべきである。しかし、展示資料の大部分をレプリカや模型で構成するような形は避けてもらいたいものだ。レプリカ、模型はいくら実物そっくりであっても、いってみればテレビや新聞を通じて得られる情報と同じく間接的なものであって、本物のもつ迫力には及ばないのである。

（3）　博物館利用の現状

　冒頭に、「博物館や美術館のブームである」と書いた。本当にそうであろうか。たしかに数は増えている。博物館は建物や資料があるだけでは成り立たないのであって、それを利用する人の存在が不可欠である。わが国の法制上、博物館は社会教育の機関であり、そうである以上、対象となる人の存在を重視しなければならない。利用者の動向というのは、博物館の活動の状況を反映するものであるはずだ。以下、『昭和57年版博物館白書』(6)によって利用者に関する数値をみていこう。

　博物館の利用者の数値は確かに増加している。同白書には1980年度までのデータがあるが、10年前の1971年度を100とした時、80年度は145となる。ただし、同白書の調査館数の指数は71年度100から80年度252となっていて、博物館数の増加と利用者数の増加は比例せず、一館当たり利用者数の指数は100から57と激減している。これは当然のことで、利用可能者数、つまりわが国の人口の伸びよりも博物館数の伸びがはるかに上回っているのだから。したがって、これをもって博物館が活発に利用されているか否か、いい換えると博物館の活動が活発であるかないかの議論のタネにはできまい。

　同白書には、1971年度から80年度までの10年間の同一対象館461館についての入館者数も示され（表1）、「（昭和）46年度95,993万人が55年度には98,449万人と3％の伸び率を示している」とコメントが加えられている(7)。しかし表1をみると、1974年度をピークとして入館者数は減少の傾向にある、とするのが適当な説明となろう。

　いくつかの博物館の実情をみてみよう。地域博物館としての活動に定評のある平塚市博物館(8)は、1978年度を100としたとき、79年度103、80年度111、81年度114、82年度127、と利用者数は着実に増加し

表1　同一対象館年間入館者数の推移

年度	入館者数 （千人）	'71年度を 100とする指数	'74年度を 100とする指数
1971	959,925	100	87
1972	950,260	99	86
1973	1,089,331	113	99
1974	1,104,539	115	100
1975	1,026,373	107	93
1976	967,957	101	88
1977	1,020,535	106	92
1978	1,064,592	105	91
1979	996,217	104	90
1980	984,489	103	89

『昭和57年版博物館白書』による

表2　平塚市博物館・群馬県立歴史博物館・紙の博物館・交通博物館の入館者数の推移

年度	①平塚市博物館		②群馬県立歴史博物館		③紙の博物館		④交通博物館	
	入館者数	指数	入館者数	指数	入館者数*	指数	入館者数	指数
1976							820,656人	100
1977							736,537	90
1978	82,344人	100					713,753	87
1979	84,735	103					698,509	85
1980	91,268	111	188,631人	100	53,433人	100	801,891	98
1981	94,069	114	171,981	91	56,714	106	718,318	88
1982	104,817	127	170,118	90	49,156	92	650,361	80
1983					39,895	75	589,333	72

＊年度ではなく年（1月〜12月）

ている(9)(表2①)。

　1979年10月に開館した群馬県立歴史博物館は80年度以降減少の傾向にあり(10)(表2②)、東京都内でもユニークな博物館に属する紙の博物館は、1980年を100とすると83年は75と激減している(11)(表2③)。同館は83年10月から入館料を徴収するようになった影響もあるだろうか。次に、都内でも人気の高い博物館である交通博物館は、1976年度を100とすると83年度は72となり(12)、ここも減少傾向にあることは否めまい（表2④）。

群馬県立歴史博物館

かつての交通博物館

　このようにならべてみると、全体として博物館を利用する人の数は、ブームと呼ぶには遠く及ばず、むしろ減ってきている、といってもよいのではないか。ということは「博物館のブームである」という冒頭の文章は、利用者の観点からみると正しくなく、むしろ「博物館や美術館の建設ブームで

ある」と言い直した方がよさそうだ。

（4） 利用しやすい博物館の立地

　前にもふれたように、博物館は社会教育の機関なのである。そうであるからには、利用者が全体として減少傾向にあるという事態は何らかの形で打開していかなければなるまい。また、ただ利用者をまっているだけでなく、積極的に利用者を増やす対策も講じなければならない。広報活動や友の会作りなど、さまざまな方法で利用を増加させるための活動を行なって成果もあげているが、ここでは、博物館の活動以前の問題で、博物館にとってもまた利用者にとっても根本的な要因である、博物館の立地について考えてみたい。

　日本博物館協会では、1981年9月に博物館利用に関するアンケート調査を行ない、回答のあった1,175件についてのデータを1982年4月に発表している[13]。この中で、入館者増加のための問題点として606館から回答があり、このうち地理的な条件のうちでマイナスの要因、すなわち立地条件が悪い、交通の便が悪い、交通規則があったり道が狭かったりして大型バスなどが入れない、また駐車場がないまたは狭い、などをあげたところが161件もあった。博物館の立地は博物館活動を展開する以前の基本的な要因であり、博物館の利用を促進するために、博物館を設置するに当たって慎重に検討されなければならない。

　では現実には、どのような立地・環境が選ばれているのか、最近の事例をみてみよう。「博物館研究」17巻12号と19巻4号によって、1982年と83年に開館した博物館187館のうち、同書にやや詳しい紹介のある148館を検討した。しかし博物館の環境や立地が明示されているものは必ずしも多くはなく、また交通経路から読みとれるにすぎないものもあり、半数近くの68館は、設置された場所については不明とせざるを得なかった。残る80館について設置場所を分類してみると、次のようになる。

　　①市内の中心地、すなわち市役所などに隣接していたり、図書館や公民館などのある、いわば文化センター地区に設けられたもの……23館
　　②既存の公園内、またはそれに隣接して設置されたもの……16館
　　③古い歴史的建造物や民家などを入れ物として利用し、内部を改装して博物館としたもの……13館

田川市石炭資料館　　　　　　　青森市森林博物館

　④遺跡や城跡、鉱山跡など、歴史的・地理的に由緒ある土地、またはこれ
　に隣接して設置されたもの……20館
　⑤観光地、景勝地などに設置されたもの……6館
　⑥小中学校の移転や統合で空いた土地や建物を利用したもの……2館
　⑦その他・不明……68館

　このうち、②と⑤は明確に区別しにくいものもある。また東京や大阪などの大都市ではどこをとっても①に分類されかねないが、今回使用した80館の中にはとくに問題となるものはない。

　③には旧青森営林局の建物を利用した青森市森林博物館、旧第十師団兵器庫の姫路市立美術館などがあり、④には佐倉城跡の国立歴史民俗博物館、天然記念物ムジナモ自生地の羽生水郷公園内のさいたま水族館、美濃国分寺跡の大垣市歴史民俗資料館、炭坑節で有名な三井伊田坑跡地の田川市石炭資料館、鶴丸城跡の鹿児島県歴史資料センター・黎明館などで、歴史系の館が多い。

　①②、⑤、⑥のような立地は、地理的な条件は良いものが多く、利用しやすい場にあるが、③や④は必ずしも交通至便の地とはなり難い。しかし③や④は歴史的文化財の保護・活用との関連で今後増加していくにちがいないし、現在までに多数の博物館がこうした立地のもとに設置されている(14)。

　博物館を利用する動機を考えるとき、博物館が市役所の隣にあるよりも遺跡や公園、観光地などにある方が、利用者は増えるのではあるまいか。もちろん交通の便も第一に考慮されるべきであるが、先にも述べたように博物館は利用者がいなければその目的は完全に果たせないのであり、その点では博物館の利

用可能者が容易に集まる⑤のような場所がすすんで選ばれても良いのではあるまいか。

（5）　学芸員の充実を

　最後に、学芸員の問題についてふれておきたい。博物館の数が増加している一方で、専門職員たる学芸員の志望者数も多いのに、博物館では慢性の職員不足を訴えるところも少なくない。これには行政の中の問題としなければならない部分が大きいのであるが、職員の問題は、博物館にとっては立地以上に根本的なことなのである。

　文化庁が進めている歴史民俗資料館をとりあげてみよう。1982年開館の21館をみると、職員数が1名または2名で開館した館が10館あり(15)、この実情からして、学芸員を中心とした博物館活動など最初から期待されないものとしてつくられている、いわば資料の倉庫としての「資料館」をつくっていると考えられても仕方あるまい。

　何度も繰り返すとおり、博物館は社会教育機関なのであり、そこには学校教育において教員が不可欠なのと同様、学芸員の存在は欠くことはできないのである。

註
（1）　『博物館研究』19-3　1984
　　　なお、2009年の『博物館研究』44-4によると、2008年3月には、博物館は4,062館である。
（2）　日本博物館協会1982『博物館利用者動向調査』
（3）　1973年度は1179館。
（4）　日本教育年鑑刊行委員会1982『日本教育年鑑1982年版』
　　　施設整備に関する補助金は、平成9年度から新たな建設費補助のかたちは廃止され、学芸員の専門的資質の向上や調査・研究機能の拡充といったソフト面での支援へと転換された。また文化庁の歴史民俗資料館への補助金は平成5年度を最後になくなった。
（5）　東京国立博物館1973『東京国立博物館百年史』
（6）　日本博物館協会1982『昭和157年版博物館白書』
（7）　前掲（6）92ページ

(8) 「平塚市博物館年報」による。
(9) 全入館者数マイナス視察者数マイナス施設利用者数の数値。
(10) 同館紀要による。
(11) 『百万塔』50号〜58号による。
(12) 有料入館者数。「交通博物館概要」による。
(13) 前掲（2）
(14) 鷹野光行1984「野外博物館の効用」『お茶の水女子大学人文科学紀要』37
(15) 『博物館研究』17-12　1982

2　展示の意義について

（1）　博物館の機能

　博物館の機能は、博物館法にも示されているように、資料の収集・保管、様々な調査・研究、そして展示などを通じての教育・普及、である。たが、すべての博物館がこの3つの機能に等しく力をいれ、果たしているというわけではないことは言うまでもない。館によっては、ひたすら資料の保管に徹しているところもあろうし、研究機能に館の使命を求めているところもあろう。本来、資料の保存と公開・活用とは矛盾したことであるので、それぞれの館ごとに重点の置き方が異なるのは、当然起こり得ることであろう。これらについて新井重三は、全機能型博物館、保存機能重視型博物館、教育機能重視型博物館、研究機能重視型博物館、レクリエーション重視型博物館、とわけている(1)。

　一つ一つの館まで降りなくても、館種によってもその重点の置かれ方の違いは認められよう。歴史系の博物館は、資料を収集することもさることながら、存在の限られている歴史資料を確実に保存していくことにも重点が置かれる筈であるし、これは歴史系に限らず、古美術を主な資料とする博物館・美術館の存在意義の多くもここに認められよう。またあとで触れるように、理工系の博物館はもっぱら教育機能を重視している、とする意見もある(2)し、動物園や水族館はどちらかといえばレクリエーションの場としての機能が強かろう。

　新井重三は、「万一、再び戦争が起き」たら、という仮定のもとに、「博物館の発達史が語る付加機能が上に塗ったものから剥げ落ちるように、新しい機能、すなわち教育機能それから研究機能と剥脱して」いく、として見方によっては博物館の機能で最も重要なのは保存機能である、と述べている(3)。新井も言うように、教育機能は博物館に与えられた最も新しい機能で、〈博物館行き〉といった言葉に示されるような博物館のイメージの中には全く含まれていないものであり、新しい機能であるということは、言い換えれば今日最も要請されているところの機能であると言えるのではあるまいか。現在開催中の科学万博

の各パビリオンでも、展示に工夫を凝らしていかにして人を集めるか、展示をわからせるかに努力を払っているのであり、これも博物館と博覧会の違いはあるにしても、展示の教育的性格を意識したものとしてとらえられようし、展示という作業が単にモノを並べるという行為にとどまらず、背景や配置、色彩にまで神経を使うようになったりする、いわば展示技術の進歩も、展示室の、すなわち博物館の持つ教育性を背景にしたものに他ならない。

（2）　理工系の博物館

　最近の傾向として、理工系の博物館の〈活躍〉が目立つ。その具体的な状況を昭和57年版博物館白書、及び博物館研究20巻3号に示された日本博物館協会によるデータによって館数と入館者数をみてみよう(4)。館数については昭和55年度末が87館であったものが58年度末には115館となり、32.2％の増加である。博物館全体の増加率13.3％、歴史系の12.7％(5)、美術系の17.2％をはるかに上回る数値を示す。また、入館者数は55年度は66館の統計で11,583,100人、58年度は80館で13,604,734人、一館当たりではそれぞれ175,500人、170,059人で、若干の減少傾向にあるが、これを10年前の48年度と比較し、また他種の館と比べると、理工系に分類される博物館の〈活躍〉ぶりははっきりしてくる(6)。48年度の入館者数は43館で7,518,100人、一館当たり174,839人で、これを100とした指数をみると58年度は97.3となる。同様に48年度を100とした指数をみると、総合博物館86.4、歴史系57.3、美術系61.5、自然史系73.9で、理工系の博物館の利用者数は他種の館が大幅な減少傾向にあるのに対して、10年間でほとんど変化していないことが明らかとなる。つまり、他の種類の館よりも、理工系の博物館は人気が高く、利用度が大きく、むしろ博物館全体の中では利用者の関心は相対的に高まって来た、という傾向が指摘できるのではないか。

　では、この原因を考えてみよう。数の増えたことについては、以下は、特にデータがあるわけではなく、筆者の印象でしかないのだが、公立の博物館を作る際、各自治体は、まず歴史系または総合の博物館を、次に自然科学系という順序が頭にあるのではないだろうか。自然科学系の中でも、自然史の内容は総合博物館のなかに取り込まれることが多いので理工系の館は単独で設置されやすい。そしてこの流れの中でここ数年が理工系の館の建設期に当たってきているので

はあるまいか。もう一つ、企業の博物館設置の動きの活発化をあげておこう。企業の設立する博物館はその企業のＰＲ活動の一環ともなるわけで、ひと頃は企業の博物館というとその企業の創業者のコレクションをもとにした美術館が多かったわけだが、最近は企業が自らの仕事そのものに関する博物館を設立するようにもなってきている。なかには、例えば竹中大工道具館や白鹿記念酒造博物館のように自らの企業活動の歴史の部分にスポットをあてた歴史系の博物

竹中大工道具館（同館パンフレットより）

館も多数存在する他、石油資料館、ガス科学館、電力館などのように、企業の現在の活動そのものを扱う館もみられるようになってきた。

　次に利用者数についてであるが、ここでは他種の館とは異なった、理工系の館が人を引きつける魅力を考えてみよう。山田英徳は、
　　博物館を、その持つ機能で分類するならば、理工系博物館のほとんどが〈教育普及重視型博物館〉といえるだろう。――（中略）――理工系博物館における教育普及活動は、前述したとおり館の活動の本命に当るところから、実際にきわめて活発であると考えてよい。
と述べ(7)、理工系博物館の活動の特色を指摘している。このような理工系博物館においては、
　　資料は人為的に作られた器具機械、それによって生産される諸物、生産過程に於ける諸現象、天然自然に存在する諸現象等に関する器具機械・文献資料等である。――（中略）――これ等の現象を表現するためには、いろいろな器具機械が必要である。――（中略）――また斯様な器具機械そのままでは現象を表現することはできない。これら器具機械を人力か適当なる原動力によって動かし、五官に訴えて現象を認識せしむる必要がある。器具

　　　　機械を据置くのみでは、多くの場合目的を達することは出来ない。何等か
　　　　の方法で実験する必要がある。ここに理工学博物館の生命がある。この点
　　　　は──(中略)──他の博物館と著しく異なる点である(8)。
と述べられたような展示方法がとられ、前述のごとき活動の特色を達成すべく
機能している。つまり、ただ見るだけ、読むだけではない展示で、動かせる展
示、オスカル・フォン・ミラーのドイツ博物館以来の、参加する展示、実験す
る展示がふんだんに取り入れられており、インストラクターやミュージアム・
ティーチャーに相当する館員、または学芸員による実験講義やデモンストレー
ションも教育普及活動の重要な一翼を担っているのである。このような展示の
ありかた、またそこに象徴される日常的・積極的な教育活動が、理工系の博物
館がなお人々に魅力を感じさせ、一度行けばそれでよいというのではなく、何
度でも行ってみよう、という気にさせる原動力なのではあるまいか(9)。
　ところで、理工系の博物館では、実物もさることながら、多くの模型やレプ
リカが展示に使われている。模型やレプリカは、唯一の実物資料と違って万が
一壊れても代替がきくし、そのために実際に動かしたり手に取ってみることも
可能である。それが模型やレプリカの博物館資料としての特色であるしまた強
みでもあるはずだ。したがってこれらの資料は展示ケースの中に収めるのでは
なく、できる限り手に触れることのできる環境で展示してほしいものである。
入館者が直接触れたり操作することが無理ならば、インストラクターなどが操
作してみせる、といった形でも展示できよう。つまり、模型やレプリカの効用
は、博物館の機能のうちでも、最も今日的な課題であるところの教育的機能の
場において最も発揮できるのである。理工系の博物館が教育機能を発揮しやす
いのも、このような展示資料のうえでの特色とも関係がある。

（3）　レプリカ活用の教育的効果

　最近は模型やレプリカが人文系の博物館にも進出することが著しい。といっ
ても美術館にはこれらを利用する場はほとんどない筈である。美術館の教育的
役割は、古今の優れた芸術作品である実物を展示して、作品を鑑賞に供した
り、工芸技術の素晴らしさを示すことにあり、「美の追求」をし、「本物の美術
の砦」(10)として存在しなければならないからである。これに対し、国立歴史民

俗博物館を頂点とする新設の歴史系の博物館の展示室内には、模型・レプリカ、カラフルな図表がおおはやりで、どこへ行っても同じような展示が見られる(11)。たしかにうまく活用すればレプリカも展示を構成するうえで非常に意義ある資料となり得る。単に見せる展示においてはどうしても実物が欠けてしまうところを補うために用いるとか、石田尚豊の指摘するように、他の館へ貸し出した資料の代わりに置くための物とする(12)など、である。しかし、池田温は、精巧なレプリカと本物とは人間の鑑賞力に限度がある以上識別は困難で、

　　一般にはレプリカ展示でもかなりの役割は果たしうると思うんです。しかしまた本物であるということは、そういった識別できる形以上の何か精神的なものがある――(後略)――

ことも指摘している(13)。

　筆者の出会った体験を記させていただく。1985年6月20日、科学万博会場、テーマ館の中での出来事である。例によって大きな映像を見せられ、例のトマトの木の前を通り、出口近くには気象衛星の送ってくる映像を映す部屋がある。この部屋の奥にはキラキラ光る人工衛星らしきものが二つ置かれて、その間にコンパニオンが一人。何人か人がこの部屋にたまった頃を見計らって、コンパニオンが左側の人工衛星らしきものについて、これが気象衛星「ひまわり」1号の打ち上げの際に予備として作られた実物である旨語ったとたん、その部屋の中にいた人々がワッと言わんばかりにその「ひまわり」の前に集まってきたのである。「実物」の一言の威力であった。

　博物館、とくに人文系の博物館へは、人々は実物、本物への期待感を強く持って訪れることが多いはずである。たとえあまり美しくもないような土器であっても、それが昔の人たちが実際に手で作り、それを使っていたからこそ見る人にある感動を与えるのである。池田温も指摘したように、たしかにレプリカの製作技術は進んでいて、実物と見分けのつかないようなものもあるが、どうせ見てもわからないだろうからレプリカでよい、というような考え方を最初からとるべきではない。博物館の展示室は資料を並べる側の自己満足の場であってはならない。そこでの主役は展示を見に博物館へ足を運んで来る人々なのである。博物館の側からみれば展示室は教育普及活動の実践の場であり、様々なテクニックを駆使して展示が作り上げられる場なのである。レプリカや模型もそ

国立歴史民俗博物館の沖ノ島の復元展示
（国立歴史民俗博物館編1988『日本歴史探検1 古代を発掘する』より）

の中で活用されるべき資料の一つである。

　国立歴史民俗博物館の、沖ノ島の展示室を見てみよう。左奥に5号遺跡のジオラマがあり、金銅製龍頭などの出土状況が再現されている。出土した遺物のレプリカも所を得たように生き生きしてみえるし、ジオラマの威力を見せつけるような実に見事な展示であると思う。そしてこのジオラマの左側の壁沿いのケースの中に、ここで出土した〈遺物〉が並べられている。残念ながら〈遺物〉ではなくて、〈遺物のレプリカ〉なのであるが。筆者には、この展示の意味が理解できない。レプリカが2組作られ、1組はジオラマの中で活用され、もう1組はガラスケースの中に入っている。後者の展示にいったいどんな意味があるのだろうか。ケースの中に並んでいるのが実際に出土したものそのものであるのなら、ジオラマとケース内の展示は一体となって、沖ノ島5号遺跡の実態をあますところなく展示することになろう。このケース内がレプリカでは何の意味もない。もともとこの展示室自体が、実物資料によらずして構成されている典型的な例である。歴博は概説的展示、つまり教科書風の展示をしないで、課題的展示を行なう、とする方針は、井上光貞前館長が示し、実行されてきたところであるが[14]、テーマが決まり、館有の資料よりもテーマが優先して展示が構成されていくといった方法がとられるならば、レプリカに依存せざるを得なくなってしまうのは仕方ないのかもしれない。しかし、例えば沖ノ島にしても、実物を期間を限って借用してその期間は実物を展示ケースの中に置く、といった方針も取り得るのではないか。

　歴博はレプリカでできている博物館である、というのがその特色となってしまっているかのようである。それならばそれで、その特性を生かし切った利用法を考えたいものである。前述のように、レプリカや模型の効用は、教育面で活用してこそ生きてくる。この面での対応は歴博は十分とはいえまい。先に紹

介した科学万博での体験は展示室について二つのことを示していた。一つは実物資料の意義であり、もう一つはコンパニオンの一言の効果であった。つまり、展示室内における解説者の意味である。あの場面でコンパニオンが何も言わず立っていただけならば、筆者も含めて人々は資料の価値に気付かずに通り過ぎてしまったのであろう。しかし、タイミングよい説明があったことで資料がまさに生きたのである。歴博の展示室の中にはこのような存在は居ない。室内に立っているのは制服を着たいかめしげな男性である(15)。各展示室毎にとは言わないまでも、解説や説明にあたる人を室内に配して有効な教育活動を展開したらいかがなものであろうか。この役にあたる人は、若い、学芸員の資格を持った、博物館の活動が何であるのかを十分に心得た情熱を持った人であるとなおよいのであるが(16)。今のままでは、歴博の展示室はレプリカ置場とボタンを押し、解説シートを集める遊び場になってしまう。

註
（１）　新井重三　1979「博物館の性格と分類」『博物館学講座１』
（２）　山田英徳　1979「理工学系博物館」『博物館学講座８』
（３）　新井重三　1979「博物館とその役割」『博物館学講座１』
（４）　日本博物館協会　1983『昭和57年版博物館白書』
　　　　日本博物館協会　1985「統計」『博物館研究』20-3
（５）　58年度の統計から博物館の種別が変わり、郷土博物館という種類が加わったが、ここで歴史系としたのはこの郷土博物館を含めたものである。
（６）　平成19年度には、180館となり、78館の入館者数の統計では総入館者数は15,728,141人、１館あたり201,643人となった。
（７）　前掲註（２）に同じ
（８）　岡本公平　1956「理工学博物館」『博物館学入門』
（９）　筆者も小学生の頃に遠足等で出かけたことのある交通博物館は、とても楽しいところだったという思い出が残り、最近は毎年学生と博物館実習の一環として見学に出かけているのだが、何度同じ所を見ても、個人的な好みの問題もあろうが、飽きない。見学実習の際には学生の手前あまりはしゃぐこともできないので、ひそかに子供をだしにして出かけようかとも思うほどである。このように繰り返して何度でも出かけようとさせる魅力が理工系の博物館には存在するのである。

(10)　林屋辰三郎・梅棹忠夫 1981「博物館事始め」梅棹忠夫編『博物館と美術館』
(11)　もっとも、博物館による違いではなく、展示に携わった展示業者ごとの違いといったものは見られるが。
(12)　研究「本もの、似せもの」論と題する座談会での発言。この中で石田は「本物派」に属して発言している。歴博研究会 1974「研究「本もの、似せもの」論」『歴史と博物館』3
(13)　註（12）に同じ。但し、池田の立場は明示されていない。
(14)　井上光貞 1980「歴史民俗博物館をつくる」UP 昭和55年5月号、6月号。同 1981「共同利用機関としての歴史民俗博物館」『学術月報』昭和56年12月号（以上の2点は『国立歴史民俗博物館研究報告3』に再録されたものによった。）。同 1983「国立歴史民俗博物館開館に当たって」『文化庁月報』173。岡田茂弘 1984「歴博の展示構想」『月刊文化財』247
(15)　特に民俗展示室の入り口付近にではまことにその場にそぐわないのではないか。
(16)　歴博は博物館という名はもつものの、博物館ではなく研究機関であるということで、そのような配慮は最初から全く必要ないのかもしれない。

3 社会教育と文化
―― 文化財の保護の観点から ――

はじめに

　社会教育と文化、といいましても、私は教育学ではなく、考古学の出身ですので、純粋に社会教育の観点からの「社会教育と文化」ということではあれこれ言うことはできません。私と社会教育との関わりは、まず大学で博物館学を担当しているところにあり、また社会教育主事資格取得のための科目として「文化財の保護」についての講義をし、またそれについて関心も持っている、というところにもあります。

　考古学の資料となるのは地中から発掘されたさまざまな遺物や遺構であり、それらはひっくるめて「埋蔵文化財」と呼ばれます。そしてこの埋蔵文化財をわれわれの生活の中に保存していくことについては、今日全く危機的な状況にあります。さらにこれを保存していくことについては、あとでふれますように、まさに社会教育の中での活動が重要なのです。考古学と社会教育との接点はここにも一つ、あります。

（１）　埋蔵文化財の現状

　「文化」というものをある程度定義しておかないと話は進まないと思うのですが、それをはじめますとおそらくそれだけで大論文になりかねませんし、私にその力量があるとも思えません。とりあえず私にとっては、「文化」とは私たちが私たち自身の歴史のなかから受け継ぎ、さらにそれを次の世代に伝えていかなければならないもの、とする程度にとどめさせてください。そして「文化財」とは、その文化を具体的なものとして表現しているものである、としておきます。学校教育の中でも文化を学習し、創造し受け継ぎ伝えるということはされましょうが、そうした活動はより多くの部分が私たちの日常の生活のなかでなされるものではないでしょうか。

　文化財の保護といっても、私にとって一番の関心は、何といいましても考古

特別史跡吉野ヶ里遺跡

学の研究対象であるところの遺跡や遺物について、その保存活用についての問題にあります。今や年間2万件を越す発掘届が文化庁には出されています(1)し、しかもその大部分は何らかの開発行為に先立つ事前調査とか、行政調査とかいう名で呼ばれ実施されている、調査後には破壊されて遺跡はなくなってしまう調査です。しかし、一昨年大フィーバーを巻き起した佐賀県の吉野ケ里遺跡のように、破壊を前提とした調査でありながら、たまたまその結果が非常に多くの市民に注目されましたために、破壊部分をしだいに縮小していった、という事例もごく稀ではあるが存在します。この遺跡の場合には、遺跡を視察した考古学者の不用意な発言(と私はとらえますが)が遺跡に対して少しずれたイメージを人々に植え付け、それがかえって話題を呼んで、二百万人という、いささか異常ではないかと思われるほどの人々がここを訪れ、(私もそのひとりではありますが)その二百万人の圧力が遺跡の保存にたいしてかなりの影響を及ぼしたのです。これは逆に見ますと、それほどのことがなければ、開発に先立つ事前調査として調査された遺跡がその方針を変えて保存に向かうことはできない、とも言えるのです。しかしまた考古学者の発言がいかに不用意であったとしましても、その発言、つまり「邪馬台国」というものに対する興味と関心が広くあったからこそ、この発言に反応するだけの素地がありましたからこそ、あれだけの人々が訪れ、遺跡保存への圧力となったと言えるのです。

(2) 保存への力

　遺跡、つまり埋蔵文化財という文化財を何とかして保護していこうとしますには、この吉野ケ里がいい例となります。その遺跡がどんなに重要か、などということを研究者が言っているだけではもはや保存のための圧力としてはごく小さいものでしかない、ということです。もちろん吉野ケ里を訪れた人の中には大して意味も分からずにただ人がたくさん行くから行ってみる、という消極的な動機の方もいたことでしょうが、何らかの意味で「邪馬台国」という言葉にひかれてここを訪れた方が大部分ではなかったでしょうか。

　なぜ「邪馬台国」とか「卑弥呼」がこれだけ人々の関心を呼ぶのか、私自身には今一つ分からないところもあります。「邪馬台国」だって私のもともとの専門である「縄紋時代」だって、余り好きな言葉ではありませんが人々の「夢」や「ロマン」に訴えるという点では同じようなものではないか、とひそかに思うのですが。それはともかくとして、「邪馬台国」が人々に広く受け入れられるものであった、という点です。その遺跡の持つ意味、価値の大きさ、本来遺跡に価値の違いなんてありえないはずですが、これを市民の間に広く認識してもらう、それが埋蔵文化財についての保存を考えるうえでの第一歩のような気がします。

　もちろん保存が必要だからと言ってただその遺跡の重要性を強調し理解してもらうというだけではだめで、その遺跡を残していくことがその地域に住む市民にとってもどういう意味があるのか、保存して広い空地となった場所をどうやって暮しの中で生かして行くのか、ただ公園にしてしまえばいいのか、それとももっと積極的な活用ができるのかまたはしないのか、そうしたことを主体となって考える人々がいなければ遺跡の保存ができてもそれだけで終りです。そうした考える主体を作っていくことが、文化財の保護と社会教育とつなげるところということになるでしょう。

　教育委員会などが主体となって遺跡の発掘をして、遺跡の「現地説明会」というのが開かれます。都道府県単位や市町村単位でも設立されている埋蔵文化財センターの発掘調査や、遺跡への関心を高めようとしたり、町おこしや村おこしの中で地域の歴史から見ていこうなどと関心を寄せるところでの発掘には

必ずと言っていいほどこの「現地説明会」というのが開かれるようになったようですが、これなども今言った意味での遺跡を、また文化財を理解してもらう第一歩としてとても重要な社会教育の活動と言えるのではないでしょうか。

今日遺跡をはじめとする埋蔵文化財への関心は非常に高いものが

指宿市敷領遺跡での現地説明会風景（2008年9月）

あります。以前に博物館の展示以外の場面でのいろいろな教育活動というのを調べてみたことがあるのですが、都会のベッドタウン化した地域で、博物館が地域の歴史に関するような講座を開いたりしますと、かなりの参加者があるという傾向が見られました。これはその地域にマイホームを求めた人々が、今まで知らなかった自分の住む地域を確かめよう、という意欲の現われではないかと考えられるのですが、その始まりが遺跡への関心ではないかと思います。先程も少し触れましたように、私は決してそれだけではないと強調するのですが、遺跡と言うとやはり「夢やロマン」という言葉で語られる部分があるわけで、そこにも関心を引く要因があることは否定できません。埋蔵文化財を保護していくうえにはどんな形でも、積極的に関わろうという人でも、単に夢やロマンを感じて関わる人でも、こういう人たちをまず味方にして、理解を求め、地域を考える主体としていく、それがそれぞれの地域の文化を継承し、創造していく力となっていくはずです。

そしてただ保存しろ、残せ、と言うだけでは訴える力は半分しかないのでして、残した後そこをどうする、地域のなかでどう活用していく、というところまで考えていかなくてはなりません。それを考えるのは保存することに関わった市民一人一人であるはずです。そうした主体を作っていくのは社会教育の役割ではないでしょうか。

（3） 行政の役割

行政の中でやれることと言いますと、埋蔵文化財の保護については、同じ行

阿久遺跡（『長野県中央道埋蔵文化財包蔵地発掘調査報告書—原村その5—』より）

政内部での戦いということになる場合が多いわけです。吉野ケ里についても然り、浜松市の、今は新幹線の基地となってしまっている伊場遺跡についてもそうです(2)。また長野県内を走る中央自動車道では路線内で193ヶ所の遺跡が調査され、調査の結果路線の変更をもたらしたものは一つもなく、わずかに1ヶ所、阿久遺跡という縄紋時代前期の遺跡が盛土をしてそのうえに道路を通す、という保存の仕方で保存されただけです(3)。民間の開発地と遺跡の関係では、例えば数年前に、プロ野球の近鉄バファローズにいた、今はNHKの野球解説者となっている梨田選手(4)の家の建設地に旧石器時代の住居址が出てきて、彼の家の設計を変更して保存した例がありますし、最近では奈良市のそごうデパートでしたか、長屋王の屋敷跡が、全面的ではないにしてもある程度建物の設計を変えたという事例があります。

行政内部の戦いと言っても、調査担当者やその回りの声だけでは開発側のパワーに負けてしまうことの方が多いので、どうしてももっと大きな声を作りあ

げないとならない。それには、つまり保存の運動をするのに何よりも必要なことは、住民主導の形を取ることであるわけです。たいていの場合、事前調査する遺跡というのは、そこにすでに何かを作るということが決まってから調査するわけですから、それを調査してみたら大変なものが出てきたから工事の計画を反故にせよ、といってもなかなか通るものではないでしょう。特に行政の中で一旦決まったことを変えるのはなかなか大変であることはご承知のとおりです。いずれにせよ残していくには当然公有地化もはかられなければなりませんから、行政の方の計画担当者の考えを変えていかなければならないわけです。それには地域住民の意志を保存にむけて動かすことが一番ではないでしょうか。遺跡の調査担当者は遺跡のPRに努めて、その遺跡の価値の大きいことを住民に知らしめること、これしかないのではないでしょうか。調査者自身がいくら残せと叫んでも効果は疑問に思います。もちろん、それを受け入れるだけの素地が市民の中にはなければならない。それを作っておくことが行政の中での先ずやるべきことでしょう。調査に関わっている人達のあり方でまた違うと思いますが、平素遺跡なんて邪魔だ、という雰囲気が町や村にあったら、保存を言い出す前に、とんでもないとなってしまうのがオチではないでしょうか。行政の中では、下から意見を積み上げていくよりも、上の方の考えを変えてしまって上から保存させるように仕向ける方が早いし有効なわけです。その方法は、住民に大きい声を出させることではないでしょうか。たとえば縄紋時代の遺跡では、いくら学術的な意味や価値が高くても、何と言っても邪馬台国には勝てないわけですし、まして国衙とか郡衙、国分寺など、支配者関係の遺跡に比べると国や県などの気持ちは捉えにくい。縄紋の勝てるところは、邪馬台国とはまた違ったロマンではないでしょうか。たとえば縄紋時代の環状列石が出てきた、それを保存したい、というようなとき、ここで縄紋時代の人々が何をしたのか、何を考え、どのように生きたのか、というような興味を沸き立たせ、その興味を遺跡の保存に向かわせる、と回りくどいことをしなければならないのではないでしょうか。

　ただ、混乱してはいけないのは、たとえば遺跡について言えば、発掘の専門家を養成するという意識ではいけなかろうと思います。専門家には自分でなってもらえばいいので、そこまでは社会教育という場面で語ることはなかろうと

思います。もちろん結果として専門家になってしまってもそれは構いませんが。

　また遺跡の理解者をつくっていくのなら一緒に発掘してしまう、市民参加の形をとればいいではないか、と言うかもしれませんが、行政調査の中でそれをやることはできないでしょう。時間が限られていることが多いでしょうし、私自身の経験からして、相手がある程度熟練した作業員の人たちでも調査員の目が届くのは20人くらいがいいところです。もちろん一緒に活動していくことを通じての理解を深めるということの効果の大きさというのは否定しません。ただここで言いたいのはそれができるところとできないところとがあり、発掘調査というのは適当なのかどうか、特にここでも問題としている行政調査が適当な場面なのかどうか、という点でしょう。調査後破壊されることが前提となっていない調査の中では大いにやってみたいと思います。

おわりに

　今、埋蔵文化財を文化財の代表のようにして取り上げてきましたが、結局保護する、愛護するというううえでは埋蔵文化財もそのほかの文化財も共通していることだと思います。ただ、埋蔵文化財は、ほかの文化財といささか違うところがあって、特に遺跡は、われわれの日々の生活を向上させていくためでもあるいろいろな開発行為と真正面からぶつかって、開発すればするだけなくなってしまうものであります。ほかの文化財は、たとえば民俗芸能にしても、受け継ぐ人さえいれば細々ではあっても何とか保存されていくことができるでしょう。しかし遺跡はそうはいかない。たとえ記録保存と言う処置が取られたとしても黙っていればなくなっていくのです。それだけ極端な場面にあるのが埋蔵文化財であると言えます。

　また埋蔵文化財はそれを保護することによって逆に私たちが失うものや、または手にいれられるはずであったものが手に入らなくなることがあるという点でも他の文化財とは違った面があります。民俗芸能にしても美術工芸品にしてもそれを保護しない、保存できないということはそれだけのことであって、単に財産のようなものを失うだけです。確かにそれを失うことは痛手であってもそれだけのことで、失う代わりに得られるものがあるという埋蔵文化財とは私たちの対処の仕方も大分違うことでしょう。

しかし私たち自身だけの快適さや快楽のために、将来に伝えられるべき文化財を私たちの時代の中で消費し滅失してしまうということが、果たしてすべて許されるのでしょうか。すでに私たちはこれに似た愚を何回か繰り返しております。自動車という便利な乗り物の代わりに大気の汚染を、工業用水としての地下水の大量の汲み上げで地盤の沈下を、便利なよく落ちる洗剤を使って湖や川の汚染を引き起こし、クーラー・冷蔵庫・スプレーでフロンガスを放出しています。

　こうしたことの愚かさを自分のものとし、生きる主体を作るのは教育のそもそもの役割であるはずです。なかんずく、社会教育に課せられた役割は大きいものではないでしょうか。「生涯学習」ということで、民間活力導入という名のもとに企業活動による「教育活動」がお墨付きを得、社会教育の役割は終った、という人も出てくるこの頃ではありますが、カルチャーセンターでは自分たちの住む地域を考える主体などを作ることはむずかしいでしょう。それこそ今なお、社会教育という場でされなければならないことであり、まだまだ社会教育の役割はなくなってはいません。

　　　　1990年8月24日に行われた、神奈川県立婦人総合センター（現県立かながわ女性センター）での「生涯学習推進研修・社会課題セミナー」での筆者の発言を元に加筆・訂正をしたものである。

註
（1）　1989年11月3日付「毎日新聞朝刊」によると、昭和63年度に文化庁に届け出られた発掘調査の件数は、22,923件であったという。
（2）　椎名慎太郎・遠江考古学研究会　1987『歴史保存と伊場遺跡』三省堂選書142
（3）　長野県中央道遺跡調査会　1981『中央道遺跡　調査のあゆみ』
（4）　もちろん1991年当時の所属で、現北海道日本ハムファイターズ監督。

4　博物館をつくろう

　千葉県市原市では、1988（昭和63）年1月に、以前に調査されていた稲荷台1号墳出土の鉄剣に、わが国最古とされる銘文があることが明らかにされ、それに伴って住民の間に博物館建設の要望があがりだしていた。当初市立博物館をという漠然とした声であったものが、地元選出の県会議員の仲介などもあって、県立博物館誘致運動へと変わり、市でもこれに乗って県立誘致の働きかけを千葉県に対して行なっていた。県議会の解散やそれに伴う選挙でこの議員が落選したりしたこともあってか、県立誘致は進まず、運動自体がやや膠着状態となっていた頃、県立誘致で積極的に動いていた市原市文化財研究会で、博物館の役割等について話をする機会が筆者に与えられた。以下は1992年2月12日に市原市八幡公民館で実施された市原市文化財研究会例会での話の内容である。

　私は1972（昭和47）年夏に国分寺台の遺跡の発掘調査が始まってから、当時大学院に入ったばかりではありましたが、調査副団長の市毛勲さん(1)に誘われ国分寺台調査団に加わり、その後西広貝塚や祇園原貝塚、そして尼寺などの調査をしてきました。大学院を期限一杯までおりまして、行き場がなくなったときにちょうど教育委員会の職員として拾ってもらいました。市の職員として

1983年市原市祇園原貝塚の発掘風景　　祇園原貝塚の縄紋時代後期の住居址

1年2か月お世話になりまして、その後現在の職場に移っております。大学では考古学ではなく、博物館学の専任としてやれ、ということで10年程たち、その間に今まで専門に勉強もしたこともなかった博物館についての勉強もしまして、私なりに考えるところもできました。

　国分寺台の調査に加わっていた頃から、これは私だけでなく、調査に参加していた市毛先生をはじめみんなが思っていたことだと思いますが、せっかくこれだけのものが発掘されているのだから、何とか調査の成果をきちんとして報告書にまとめ上げ、そして成果を見せられるような博物館を作りたい、という思いはいつもありました。実際、国分寺台土地区画整理組合の中にもそうした考えでおられた方もあり、具体的に博物館の土地を寄付しようという話まであったと聞いております。いろいろないきさつがあって結局それは実現せずに現在に至っているわけですが、市でもそれなりに博物館建設への取り組みはしていたわけで、1976（昭和51）年には市の5ケ年計画の中に位置付けられたり、文化課が設けられてからはその所管事項として扱われ、また昭和59年からの長期総合計画の中でも博物館の設置がうたわれ具体的に「博物館検討会議」が設置され博物館の構想策定にむけて調査検討がされております[2]。当然ここまでの動きで市原市の博物館づくりが模索されてきたわけですが、それが例の鉄剣の騒ぎの中で市の博物館ではなく、県の博物館を、という動きに変わってしまったことはよくご承知のことと思います。私は、市原には市原市の博物館を、と思い、文化財審議会など、私が市原市に対して発言できる場では常に市の博物館を作りましょう、といい続けてきました。せっかく県立誘致で動いているのだから、それに水をさすようなことは言わないでほしい、と叱られたこともありますが、博物館ができるのなら、県立だって市立だってどうでもいいではないか、とにかく博物館ができる、ということが大事だ、という考えもありますし、文化財審議会の中でもそういった意味の発言をされる方もおられます。しかしそうでしょうか。とうせできるのなら、良いものを作ろうとは思いませんか。では、良いもの、とはどんなものか。私はこう考えます、ということをこれからお話ししようと思います。

　その前に、私が県立ではなく市立を、という一番の理由を挙げておきます。それは、市立の博物館ならば市民のための博物館が作られるということです。

県立ならばできる大きさや規模など限られています。ご存知のように千葉県には県立博物館のネットワークの構想があって、それにしたがって各地に博物館が作られています。市原市にそのうちの一つが誘致されたとしても、やはりその枠の中でのものになるでしょう。

かつての千葉県立上総博物館（『ちばの博物館』1994より）

また地理的に市を考えても、となりの千葉市に中央博物館や美術館があり、木更津市に上総博物館があり、というところで、その間の市原市に一体どの程度のものが作られるでしょうか、せいぜい鉄剣を保管するための施設、程度ではないでしょうか。いや県立ならば中央博物館くらいのものを作ってもらうのだ、といってもそれはありえないと思います。またそこの職員、博物館の専門職員のことを学芸員ということはご存知だと思いますが、これは県立ですから千葉県の職員で、一定の時期に人事異動があって、数年ごとに違った人がいることになります。それも県の人事構想の中での動きですから、市原市にある博物館であっても、市原市とは何の関係もない、もしかしたら市原市になんか興味も関心もない、という人が来るかもしれません。まさかそんなこともないでしょうが、とにかく何年かそこで仕事をしていれば次はどこかへ移動する、という人達です。市立はそうはいきません。まず、博物館の大きさなど、これはいくらでも大きなものが可能ではありませんか。市民がそうと希望すれば、佐倉の歴博規模だって考えられます。市原にはまだ博物館ができていないし、どんなものを作ろうということも決まっていないのですから。日本で一番良いものが作られる可能性があるのです。職員を考えてみましょう。市立ですから、当然市原市の職員です。市原市民へのサービスを第一に考えるべき職員です。当然市原への関心も深く、また市原のことをよく知っている職員です。たとえまた人事異動があったとしても次に来る人も市原市の職員ですからやはり同様です。市原という地域に関しての、市原の市民のための博物館ができるのではありませんか、どうせ作るならその方がいいのではないのでしょうか。

今まで博物館、博物館、といってまいりましたが、ここで少し心配なのは、

私の言っている博物館、とここにおいでの皆さん方の考えている博物館とが同じものをイメージしているかどうか、ということです。ここからかなり硬い話になってしまうかと思うのですが、今日ここにお集まりの方々は文化財研究会の皆さんということですから、博物館には何回も通われているでしょうし、博物館というと皆さんの中にあるイメージや具体的な施設を思い浮べると思います。おそらく今思い浮かべられた博物館の中には最近できた県立の中央博物館や上野の東京国立博物館、またさっきちょっと出ました佐倉の国立歴史民俗博物館などがあることと思います。また「博物館行き」という言葉を聞いたことがありますか。古くなって使えなくなってしまったものや、もういらなくなってしまったようなものを指して「これは博物館行きだ」というように使うことがありますし、人についてもこんな表現をされることがあります。この言葉に象徴されるように、博物館というのは、とにかく古いものがあるところ、または文化財などの貴重なものや動物や昆虫などの標本が並んでいるところ、とそんなイメージが強いのではないでしょうか。

ところが、これらの日本でもまた千葉県でも代表的な博物館といわれるところが、博物館ではない、といったらそんなばかな、と思われることでしょう。博物館という名前がついているではないか、あれこそ博物館だ、と思われることでしょう。しかし、名前は博物館とついていても、東京国立博物館や千葉県立中央博物館は実はある観点からすると博物館ではないのです。

それでは本物の博物館とは一体何を言うのでしょうか。

まず国際的な博物館の定義をみてみましょう。博物館の国際的な団体でICOM（イコム・International Council of Museums 国際博物館会議）という組織があります。ここの博物館についての1974年に討議された定款の中の一番新しい定義が以下のようなものです[3]。

　　第3条、博物館とは、社会とその発展に奉仕するために、人類とその環境についての物的証拠を、研究、教育、及び慰楽を目的として、収集し、保管し、研究し、伝達し、展示する営利を目的としない恒久的機関をいう。

　　第4条、既述の博物館の定義には、以下のものが含まれる。

　　a）図書館及び公文書館で恒久的に維持される保存施設ならびに展示室。

　　b）自然、考古学、民族の記念物、遺跡、史跡、及び博物館的性格を持つ

現地で、収集、保存および伝達活動を行なうもの。
　ｃ）植物園、動物園、水族館、生態飼育館のように生きているものを展示する施設。
　ｄ）自然保護地域。
　ｅ）科学センタ・及びプラネタリウム。
　第3条はその機能の面から、第4条は博物館で扱う資料の面からの定義です。扱う資料が何であろうが、「人類とその環境についての物的証拠」を、いや最近は目に見えない精神的な所産をも資料として扱う博物館がでてきていますから、何でもかんでもとにかく何か資料が生きていようが動こうが、自然そのものであろうが遺跡であろうが建物であろうが、細菌だろうがウィルスだろうが、原子でも電子でも、収集し、保管し、研究し、それらで教育活動をしているところ、それが博物館なのです。
　一方、日本では、1951（昭和26）年にできた博物館法という法律に博物館とはこういうものである、という法的な面での定義があります。法律の文章というのは大変面倒くさいのですが、ひとまずここで第2条に書かれた定義を紹介してみます。
　　第2条、この法律において「博物館」とは、歴史、芸術、民俗、産業、自然科学等に関する資料を収集し、保管（育成を含む。以下同じ。）し、展示して、教育的配慮の下に一般公衆の利用に供し、その教養、調査研究、レクリエーション等に資するために必要な事業を行ない、あわせてこれらの資料に関する調査研究をすることを目的とする機関（社会教育法による公民館及び図書館法による図書館を除く。）のうち、地方公共団体、民法第34条の法人、宗教法人又は政令で定めるその他の法人が設置するもので、第2章の規定による登録を受けたものをいう。
　要するに、資料を収集し、保管し、展示などを通じて教育活動を行ない、調査研究を行なうところで、「第2章の規定による登録を受けたもの」をこの法律では博物館というのです。この「登録」というのがミソですが、とりあえずこの定義にはずれるものは博物館法では博物館としては扱わないのです。こんな固いことはどうでもいいのかもしれません。みんながこれが博物館だ、といえばそれでいいようなものかもしれません。しかし、大切なことはこの博物館

法には、博物館の基本的な理念と、どんなことをするところなのか、ということが具体的に示されています。博物館法の第3条(4)に博物館の事業が列挙されています。これらを見ますと、博物館はただ古いものや標本がたくさん陳列してあるところ、というような見方でいたのでは、実は博物館のきわめて表面的なところしか知らなかったということになります。第一号から第十一号まで上げられた博物館の事業も結局は、収集保管、調査研究、教育普及、という3本の柱の活動に収められるのですが、例えば一・二・八・十の各号は収集保存に、四号と五号は調査研究、一・二・三・六～十一の各号は教育普及、にそれぞれ主として該当する活動です。しかし、今日の博物館の大きな役割は、先程の博物館法第2条の中の言葉で言えば、「教育的配慮の下に一般公衆の利用に供し、その教養、調査研究、レクリエーション等に資するために必要な事業を行なうところにあります。この第3条の中の号目に当てはめて言えば、三号や七号、十一号の事業が重要なのです。カルチャーセンターを利用されている方もいらっしゃることと思いますが、博物館は公立のカルチャーセンターにも代わるべき存在なのです。つまり博物館は、お金を払って展示室に入って、文化財や標本などの展示を見て、とそれだけのところではないのです。もちろんそれだけしかないところもたくさんあります。しかし、少なくとも博物館法という法律で定められた博物館や国際的な定義の中の博物館はもっとたくさんの活動をしているところなのです。どうせ作るなら、そこでいろいろなことができる、いろいろに利用できるものがいいではありませんか。博物館の活動の中では教育普及活動、と呼んでいますが、教育普及活動には定評のある博物館として、平塚市博物館の活動を紹介しておきましょう。ここでは、私の言葉ではなくて、『ひらけ、博物館』(5)という本を残して44歳で亡くなられた、伊藤寿朗さんの言葉をそのまま紹介します。この本は大変によくまとめられたもので、伊藤さんの絶筆、ということもありますが博物館に少しでも興味をお持ちの方は是非ご一読されることをお勧めします。市原の博物館を考えるうえにも大きなヒントになると思います。伊藤さんが平塚市博物館で見たような博物館は一言で言って、みんなが一緒に学ぶことのできる場、ということではないでしょうか。学ぶ、だとか教育機関とかいったって、学校とは違います。博物館にあるものに興味や関心を持った人ならばいつでもその興味と関心を満足させるこ

とのできる場なのです。博物館にないものについてだっていっこうにかまいますまい。今はやりの生涯学習という言葉を使えば、博物館は生涯学習の場として重要なところです。

　そしてまた地域博物館、という言葉があります。平塚市博物館は正にその地域博物館の代表なのですが、ここは博物館のテーマを「相模川流域の文化と社会」として、それに関することならば何でもここでやろう、という姿勢を貫いています。市原にも博物館を作るならば、そこへ行けば市原に関することならば何でも分かるし何でもやっている、という場であってほしいものです。

　地域博物館では、博物館には学芸員の偉い先生がいて、そこでなんでも教えてもらえる、という姿は期待されていません。もちろん個人的には素晴らしい業績を上げている研究者であってもかまいませんが、むしろ研究者ではなく、学校の先生をもっと軟らかくした、教育とか学習の手伝いができるような学芸員の存在が期待されるのではないでしょうか。

　仮に市原にできた博物館が郷土の歴史に焦点を当てたものであったとしましょう。おそらくそこに展示され、また収集される資料は、遺跡から発掘された土器や石器だったり、仏像だったり、古文書だったり、ひとことでまとめると文化財、と呼ばれるものが中心になるでしょう。でもこの地域に住んでいる人達にとっては、自分の畑だったところから発掘されたものだったり、村の今は無住のお寺に置かれていたものであったり、村に伝わる踊りや行事に関係するものだったりするでしょう。いわば今までつい身近にあったものが博物館に入って展示されたりするのです。国分寺台の発掘調査に来ていたおばさんたちやおじさんたちにとっては、自分の掘り出したものが並んでいるよ、といったものでしょう。もし私なら、自分の掘ったものがついそこの博物館に並んでいる、なんてことになったら、きっとお客さんが来る度に博物館に連れていって、ほら、これはいついつ、だれと一緒に仕事をしていたときに、こんな状況で掘り出したのだ、などという話をすることと思います。もしかしたら、時間があ

平塚市博物館

れば一日中博物館のその自分で掘ったものの展示されているケースの前にいて、そこへ来る人ごとにそれが掘り出されたときの様子を話してあげるかもしれません。まじめな話、私自身、西広貝塚や祇園原貝塚で掘ったものの中にはそんな愛着のある遺物もたくさんあります。そんなことができる博物館はどうですか。当然入館料なんてものは払いません。博物館は、入館料をとってはいけない、と法律に書いてあるのですし、いつでも、利用したいときに利用できるようにするには、入り口でお金を取ってはいけません。図書館にいって本を借りるのにお金を取られたりしません。入館料をとれば少しは博物館の経営に良いではないか、と思うかもしれませんが、どうせ100円や200円の入館料をとったところで、博物館全体の経費にほとんどプラスにはなりません。だいたい入館料で経営しようなんて方針は間違いです。映画館を考えて下さい。1000円や1500円の入場料をとっても経営できないのですから。大体市民の税金で作られたものに入るのにまたお金を取られるなんて、おかしなことでしょう。先程カルチャーセンターを引き合いに出しましたが、カルチャーセンターと博物館の一番の違いはここにあります。カルチャーセンターはお金を払わないと利用できませんが、博物館の活動に参加するにはその必要はありません。

　博物館は、遺跡から出土したものをならべたり、文化財や古文書を展示して人に見せる、そして展示によって郷土の歴史を理解する、とそれだけのところではないのです。郷土のことをもっと知ろう、とか、自分たちの身の回りの様子はどうなっているのか、とか、そんないろいろなことについて知りたい、学びたい、研究したいという意欲をもった人たちがそうした意欲を満足させるための場であり、そうした人たちの活動の拠点、足場となる場所でなければなりません。この文化財研究会のようなサークルで言えば、日常の活動の場がこの博物館にあり、しょっちゅうそこに出入りして、いろいろな博物館の活動に参加していくと同時に、博物館を動かして自分たちで企画した行事や展示などを実現していくことができるようにする、そんなことができたら素晴らしいと思います。

　だから、博物館を作ろうといった時には、建物ができて、そして立派な展示室があっていろいろな文化財がそこに並べられる、とそれが目標ではないのです。博物館をどういうふうに利用していくのか、また利用されようとするのか、

そこが肝心です。立派な建物で、きれいな展示であっても、博物館でございます、というふうにおさまりかえったものはいらないので、学芸員は研究室の奥に引っ込んだままではなく、いつでも博物館へやって来た人の要望に応じて説明をしたり疑問の解決の手伝いをしたりしている、その意味で先程も言ったように研究者でございィ、と高い所にいる人はいらないのです。研究するのは大切で、それは忘れてはならないし絶対に必要なのですが、その研究の成果というものがいつでも博物館へやって来る人たちに還元できるような姿勢、行き方が期待されるのです。国分寺台の遺物だけでなく、仏像の悉皆調査もほとんど終えたようですが、市原は文化財の宝庫です。今は博物館がないためにそれらをまとめて知ることのできない状態です。先祖代々ここに住んでいる人たちだけでなく、最近市原に移ってきた人たちもたくさんいます。そんな人たちのためにも新しい郷土というものを知るための場というのがぜひなくてはなりません。それは県立ではなく、市立の博物館なのです。茅ケ崎市では、市民の中から博物館を作ろうという声があがり、自分たちであるべき博物館の姿というのを調べ、行政を動かそうとしています(6)。文化財研究会という、こういう団体の持つ力で、市民自身の声を大きくし少しでも行政を動かして、市原市民のための、市原市民自身の市原市民による博物館を作っていきたいものです。

　かつて教育委員会の中には市原市の博物館の姿を研究する動きがありました。そしてある程度の姿は見えています。ところが鉄剣にからむ動きで、それがしぼんでしまいました。もう一度、それを取り出して、支援していって下さい。

註
（1）　当時、早稲田実業教諭・早稲田大学校地埋蔵文化財調査室、市毛勲氏。
（2）　地方行政システム研究所『魅力的なまちづくりのための文化拠点施設の整備・運営に関する調査研究──地域博物館の新しいあり方に向けて──』1989年3月
（3）　鶴田総一郎「博物館定義の変遷」博物館研究10-5　1975年
　　　なお、イコムによる定義はその後何回か変更されているが、基本的には非営利の常設の公共機関、という性格を核としてこのときの形が踏襲されている。
（4）　博物館法、第3条、博物館の事業にあげられている項目は以下の通り。
　　　博物館は、前条第一項に規定する目的を達成するため、おおむね左に掲げる事業を行う。

一、実物、標本、模写、模型、文献、図表、写真、フィルム、レコード等の博物館資料を豊富に収集し、保管し、及び展示すること。

二、分館を設置し、または博物館資料を当該博物館外で展示すること。

三、一般公衆に対して、博物館資料の利用に関し必要な説明、助言、指導等を行い、又は研究室、実験室、工作室、図書室等を設置してこれを利用させること。

四、博物館資料に関する専門的、技術的な調査研究を行うこと。

五、博物館資料の保管及び展示等に関する技術的研究を行うこと。

六、博物館資料に関する案内書、解説書、目録、図録、年報、調査研究の報告書等を作成し、及び頒布すること。

七、博物館資料に関する講演会、講習会、映写会、研究会等を主催し、及びその開催を援助すること。

八、当該博物館の所在地又はその周辺にある文化財保護法（昭和二十五年法律第二百十四号）の適用をうける文化財について、解説書又は目録を作成する等一般公衆の当該文化財の利用の便を図ること。

九、社会教育における学習の機会を利用して行った学習の成果を活用して行う教育活動その他の活動の機会を提供し、及びその提供を奨励すること。

十、他の博物館、博物館と同一の目的を有する国の施設等と緊密に連絡し、協力し、刊行物及び情報の交換、博物館資料の相互貸借等を行うこと。

十一、学校、図書館、研究所、公民館等の教育、学術又は文化に関する諸施設と協力し、その活動を援助すること。

　平成19年6月の博物館法の改正で、第九号の条項が加えられた。

（5）　伊藤寿朗『ひらけ、博物館』1991年3月　岩波ブックレット　No.188
（6）　茅ケ崎市博物館準備委員会『茅ケ崎市にふさわしい博物館を求めて―茅ケ崎市博物館準備委員会提言―』茅ケ崎市教育委員会　1990年4月

5　制度からみた博物館

（1）「登録施設」「相当施設」「類似施設」

　わが国の博物館を制度面から、つまり博物館法とのかかわり方で分類をすると「登録施設」「相当施設」「類似施設」の3つになる。周知のとおり、博物館法ではその第2条で、

> この法律において「博物館」とは、歴史、芸術、民俗、産業、自然科学等に関する資料を収集し、保管（育成を含む。以下同じ）し、展示して教育的配慮の下に一般公衆の利用に供し、その教養、調査研究、レクリエーション等に資するために必要な事業を行い、あわせてこれらの資料に関する調査研究をすることを目的とする機関（社会教育法による公民館及び図書館法〈昭和二十五年法律第百十八号〉による図書館を除く。）のうち、地方公共団体、民法（明治二十九年法律第八十九号）第三十四条の法人、宗教法人または政令で定めるその他の法人が設置するもので第二章の規定による登録を受けたものをいう。

と博物館全体に関する一般的な定義とこの法律での定義を示し、また第29条の、

> 博物館の事業に類する事業を行う施設で、国が設置する施設にあっては文部大臣が、その他の施設にあっては当該施設の所在する都道府県の教育委員会が、文部省令で定めるところにより、博物館に相当する施設として指定したものについては第二十七条第二項の規定を準用する。

という条文の中に「博物館相当施設」が出てくる。博物館は教育委員会の所管事項なので、登録ができるのは教育委員会に設置されたもの、それ以外は相当施設の方に指定されるが、登録することにしても相当施設の指定についても強制的なものではない。教育委員会に設置したもの、といったが、国には教育委員会はないので、国立の博物館は登録はされず、相当施設の指定にとどまる。
　1993（平成5）年10月1日現在の文部省による統計(1)では、登録施設が619館、相当施設が242館、その他、これをこの統計では博物館類似施設としてま

表3　博物館利用者数(2)

	昭和61年度	平成元年度	平成4年度
登録施設	46,255,731 (91,414)	53,936,218 (97,358)	55,654,920 (91,538)
相当施設	73,935,522 (336,070)	76,385,674 (336,501)	78,679,924 (336,239)
小計	120,191,253 (165,552)	130,321,892 (166,865)	134,334,844 (159,543)
類似施設	90,612,471 (60,408)	114,658,389 (55,364)	148,752,426 (55,257)
合計	210,803,724 (94,701)	244,980,281 (85,898)	283,087,270 (80,104)

(　)内は1館当りの入館者数

とめているが、この類似施設が2,843館あって、全部で3,704館となり、そのうち類似施設が76.7％を占めることになる。類似施設という言い方からわかるように、文部省ではこれは博物館の統計に入れていない。しかし利用者の立場からすると見かけの上では類似施設も登録施設も同じく博物館に見える。私たちのまわりにある博物館とか資料館とかいう名のついた施設の中には、国の制度として法律できちんと位置付けられたもの、つまり登録施設と相当施設と、それ以外の類似施設としてまとめられてしまっているものがあって、後者が全体の4分の3以上を占めるのだという状況であることを把握しておく必要がある。

　ところで類似施設も含めた博物館全体の利用者数は、1992（平成4）年度には2億8,300万人余りで、全国民が赤ちゃんまで含めて年に2回以上は博物館に足を運んだという計算になる。この統計は文部省が3年ごとに実施している「社会教育調査報告書」によるものだが、利用者の総数を少し前と比べてみると、3年前の平成元年度には2億4,500万人、その前の昭和61年度は2億1,080万人と、年々増えている。これは施設の数自体が増えているのだから当然といえば当然であるが、一館あたりの入館者数を見るとこれとは違って61年度が約9.5万人、元年度8.6万人、4年度は8.0万人とむしろ館ごとには利用者は減少していく傾向にある。もっともこれもまた社会全体のいろいろなレジャー施設などの増加を考えれば人口自体はそう増えてはいないのだから、当然であるといえる（表3）。

（2）　博物館の役割と類似施設

　博物館の現代の社会での役割について確認しておきたい。1992年7月には生涯学習審議会から「今後の社会の動向に対応した生涯学習の振興方策について」

という答申が出されているが、この答申をうけて社会教育分科審議会のもとに計画部会が設置され、さらに社会教育主事、学芸員、司書の各専門委員会が設置されて1993年の末から審議をはじめ、その意見が1996年4月に「社会教育主事、学芸員及び司書の養成、研修等の改善方策について（報告）」としてまとめられている(3)。その中の学芸員に関する章で、博物館は、「地域における生涯学習推進の中核的な拠点」で、「地域文化の創造・継承・発展を促進する機能や様々な情報を発信する機能」があり、「社会の進展に的確に対応し人々の知的関心にこたえる施設としていっそう発展することが期待」され、「情報化の進展の中で実物資料に身近に触れることができる博物館の意義」を認め、「青少年にとって実物資料等による魅力ある体験学習ができる場」であり、「学校教育以外の活動あるいは学校教育と連携した学習」の場である、と述べられている。ここでは博物館についてのキーワードは「生涯学習」と「情報の発信」と「実物による体験」だろうか。この報告を受けて、1996年8月28日の官報で博物館法施行規則の改定などが公示され、大学で博物館の専門的職員である学芸員の資格を取得するための科目が変更されたし、また学芸員の資格に関して国の実施する資格認定試験の受験資格の緩和や、受験すべき科目の免除についての規定の緩和の処置がとられた。この緩和の方向は大体において生涯学習の学習成果を認めていこうという方向で考えられている。

　このように期待される博物館ではあるが、今触れた博物館法施行規則などの改定の内容を検討してみると、ここで言っている博物館という言葉の指す内容は、すべて先に触れた登録施設と相当施設について適用されるだけのことだ、ということに改めて気がつく。制度上は類似施設は博物館とは言えないわけだから、文部省が博物館というときには登録・相当の施設だけを指すことになる。博物館類似施設の中には大方の頭の中に博物館というとすぐに浮かんでくるであろうような、東京・京都・奈良の国立博物館や、国立歴史民俗博物館、大阪の国立民族学博物館などの国立の大博物館や都道府県立クラスの博物館もいくつも含まれている。登録をするには一定の要件が必要だが、それを満たしていても積極的な意味で登録を受けようとしない博物館もたくさんある。こういう状況を放置してしまっている博物館法というのはやはり問題がある。現代の規制緩和の流れとは逆行するが、「博物館」と名乗るならば一元的に一つの体系

の元において全体としてとらえずにおいて、先程上げたような博物館への期待に応えさせることができるのか、何よりもこれは登録博物館だ、あれは博物館という名だけれど博物館ではない、とか、市民の視点からはいかなるものだろうか。わが国の博物館の制度の中では博物館とは登録と相当の施設だけを指すのだから、類似施設はこれに応える義務もないといってもいいのであろうか。

今なお類似施設が視野に入れられずに博物館行政が取りおこなわれている具体例を最近の事例であげておこう。以前に簡単に触れたことがある(4)が、1996年4月の社会教育分科審議会の報告を受けて8月28日に博物館法施行規則の改正などが官報で示され、その中で学芸員以外の一定の職についている人に対して、学芸員の資格を得るための国家試験の受験資格を広げる処置が示されて、これまで受験資格が認められていた相当施設や文化庁の付属機関、東京国立博物館などだが、それらの職員や学校の先生などで資料を扱う立場にある人に加えて、同じく社会教育職員である社会教育主事や図書館の司書、そして教育委員会で資料を扱い、調査研究に従事する職が加えられた(5)。ところが、博物館、これは文部省で言うところの博物館、つまり登録博物館のことで、それに最も近いものであるはずの類似施設で仕事をしている人には何ら及んでいない。後で見るように確かに類似施設にもいろいろとあって、類似施設の中でも3分の1くらいが博物館として扱っても遜色ない、という想像ができるのであるが、これはまったくおかしい。類似施設も登録や相当施設の博物館と同様のはたらきをしているという現実をきちんと受け止めて全体として博物館行政を進めていってほしいものである。そのためにも、博物館としての市民権はいらない、なんていう声を上げさせないような形での博物館法自体の見直しと改正が必要なのではないか。もはや博物館は社会教育機関である、という枠に留まるものではなく、もっと広い枠組の生涯学習社会の中核的な施設、という位置づけなのであるから。

登録をしない、つまり博物館法のもとに置かれようとしない理由の一つに、教育委員会以外に設置されているから登録ができない、ということがある。例えば東京都の江戸東京博物館はもともと生活文化局という部局に設置されたもので教育委員会の所管ではなかった。しかしこういう形のものには博物館相当施設という道があるのだから理由にはならない。もっと大きいのは、法の適用

をうけてもメリットはあまりなくて、わずらわしいことばかりだ、例えば博物館法第17条にあるように教育委員会を通じて活動状況などを報告しなければならないとか、博物館法では博物館が社会教育施設であるという規定を設けた社会教育法を受けて作られたものであるので、博物館法のもとにあると活動面で一定の拘束を受けるから登録や相当施設とならないという理由のところもある。1996年の春、日本で最初の本格的な大学博物館ということで鳴り物入りでリニューアルオープンした東京大学総合研究博物館は、それまで総合研究資料館といっていたのを名称を変更して新たに発足したのだが、今言った社会教育施設という枠にとらわれ制約があるからということで博物館法とは関わりのないものに「博物館法にもしばられることなく、極めて特殊なステイタスのもとにこれから活動を続けていく」としている(6)。

（3） 博物館法の効用

博物館法は、見直しの必要がある、と決め付けてしまったが、それではそんなにだめなのか、というと、そうでもなくて評価できるところもあるようだ。その根拠を数字を上げて少し示してみよう。

文部省の社会教育調査の統計では、昭和61年度から類似施設も調査し始めたので、そこからしか比較ができない。つまりそれまでは、文部省の博物館行政には類似施設としてまとめられたものは視野には全く入っていなかったといえると思うのだが、まず平成4年度の統計で、施設の規模として博物館の建物面積は、1館あたりの平均で見ると登録施設が2,885.6㎡、相当施設は4,146.1㎡、類似施設は1,327.5㎡と、類似施設は登録施設の半分以下である。類似施設の中には先程あげた大規模なところが入っているにもかかわらずである。

内部の施設のうち、車椅子等への対応のためのスロープが設けられているところは、登録施設49.4％、相当施設46.4％、類似施設36.3％、身障者用トイレは、登録施設が55.4％、相当施設48.9％、類似施設35.5％であ

表4　平成4年度の博物館の施設等設置状況(7)

	登録施設	相当施設	類似施設
一館当り建物面積	2,885.0	4,146.1	1,327.5
スロープ設置状況	49.4％	46.4％	36.3％
身障者用トイレ	55.4％	48.9％	35.5％
諸集会の実施	75.9％	57.7％	37.9％

一館当り建物面積の単位は㎡

表5　学芸員数の変遷(8)

	昭和61年度	平成元年度	平成4年度
登録施設	1,430 (2.79)	1,617 (2.88)	1,879 (3.04)
相当施設	513 (2.29)	486 (2.05)	463 (1.91)
類似施設	495 (0.31)	774 (0.36)	1,041 (0.37)
合　計	2,438 (1.05)	2,877 (0.97)	3,383 (0.91)

専任の学芸員と学芸員補を合せた数。（　）内は一館当りの数

る。活動面で、講座や講演会などの諸集会は登録施設では75.9％、相当施設で57.7％、類似施設では37.9％で実施していた（表4）。ここでみた三つの項目は登録・相当・類似各施設間に違いが比較的見られるものを上げてみた。そして博物館という機関がきちんと動き活動し社会の中で期待された役割を果たしていくために一番肝心なことは、施設・設備もさることながら有能な学芸員の存在が重要なのであるが、この配置状況を最近3回の社会教育調査で見てみよう。平成4年度は登録施設では平均3.04人、相当施設では1.91人、類似施設には0.37人の学芸員（ここで言う学芸員とは、学芸員と学芸員補を合わせたもの）がいる（表5）。

　本来学芸員とは登録博物館の専門的職員を指す語なので厳密な意味では類似施設には学芸員はいないはずである。しかし、江戸東京博物館のように、内部で学芸員という職名を専門的職員にあてているところもあるので、ここでは専門的職員について学芸員ということで統計が取られていると理解しておこう。

　全体としてみたときには類似施設まで含めたいわゆる博物館には専門的職員は1人いるかいないか、というところだが、その一方で、登録施設では学芸員の数は段々ふえてきている。登録、というしばりがあるところは十分ではないにせよ少しずつ増えている。しかし類似施設も含めて全体としてみると人手不足は一層ひどくなっている。登録施設の3人程度というのが十分な数とはとうてい言えないだろうけれど、なお一層ひどい状況なのが類似施設で、名前だけ博物館と名乗りながら学芸員など配置されていないという状況が見えることにある。3館に1館しか、しかもその1館に1人だけしか配置されていないという状況を示す数字である。3館に1人、つまり3分の1程度の類似施設に学芸員がいるということ、この3分の1というのは、さきほどのスロープや身障者用トイレの設置状況や、集会活動の実施状況の数字とほとんど同じで、類似施設の中でも3分の1程度は登録施設になりうる、言い換えると積極的に登録施

設とならないたぐいのところか、と思える。

　このように見てくると、博物館の水準の向上には博物館法というのは今までのところ一定の効力をなおもっているのではないか、と思える。博物館法の制定当時に言われていた博物館の水準の向上に与える効果というのが、現在でも同じことが言えるようだ。さきほども触れたが、外から見ると、つまり博物館の利用者から見るとその博物館が登録施設だとか類似施設だとかは関係ないわけである。そのことは施設ごとの博物館の入館者数の動向をみても分かる（表3）。絶対数の違いはあるが、昭和61年度と平成元年度と平成4年度、それぞれ登録と相当合計では一館あたり16.6万人、16.7万人、16.0万人、類似施設では6万人、5.5万人、5.5万人となっていて、どちらのせいで全体が増えたとか減ったとかいう傾向はとくにない。

　ある面ではザル法といわざるをえないようなものであっても、この法律のもとにあるのとないのではこれだけ違いがあるのだから、この際、すべてを法のもとに置くようにする、というのも博物館を社会的な要請に応えるものとするためには一つの方法といえるのではないだろうか。文部省でも類似施設、などという言い方をしないで、またそういうカテゴリーを作らずにすべて法律上の博物館として位置付けさせ、またその名にふさわしくないもの、さきほどの数字でもみたように現在の類似施設のうちの3分の2くらいのところは施設・活動面でも不十分なことが窺われるから博物館とは名乗らせない、とするような方向も考えられなければならないのではないか。それには登録することのメリットをはっきりさせることが一つの方法である。税制面でも、必要な物資の購入に当たっても然りで、一番肝心なのは人件費への配慮ではないだろうか。地域における生涯学習の中核的な拠点、と言われてもそれを実現していくには人的資源の確保ができなければいかんともし難い。人的資源というとすぐにボランティアの活用、となりがちであるが、そうではなくて、博物館の専門的職員である学芸員を確保することである。生涯学習の場としてこれも重要な位置にある学校教育には職員の人件費は国によって補助されている。学校教育との連携がうたわれ、考えようによっては学校教育よりももっと広いところで教育・学習にかかわらなければならない博物館の職員についても同じ考え方、いやもっと広い考え方のもとに対応してくれなければならないのでは、と思う。

補助金を出せ、ということで行政改革に逆行する、といわれるかもしれないが、行政改革ということはいらないところ、むだなところをやめる、そして本当に必要なところをより充実させていくことだと思う。学芸員の配置についても学校と同じような採用と配置の仕方、考え方と工夫はできないものだろうか(9)。

（4） 博物館の「個性化」

　以上見てきたように、博物館全体への期待として生涯学習社会の拠点的存在、という考え方があり、その実現がめざされている。ではそれに応じて、個々の博物館はどう対応していくことができるのか、ということなのだが、これはまず、個性化、ということではないかと思う。日本中に3,704もあって、これは別の数え方をすると6,000にもなるというのであるが、そういう状況の中であの町にもこの町にも博物館や資料館があって展示をはじめとする活動をしている、というある意味ではとてものぞましい状況になってきている。そんな博物館が、展示も含めてどこでも同じようにみえてしまうことがある。そうは言っても、建物一つとっても建築家が腕をふるった、その地域のランドマークともなるような個性的なものもあってどれも違うし、当然その中の展示室に並べられている資料もそれぞれの地域に特有の地域の特色を示すものであって、展示にも工夫が凝らされているわけである。どこも同じであることは決してないはずだ。それでもどこも同じようにみえてしまうのはどうしてだろうか。並べられている資料は全然別のものであっても、それで表現しようとしている手法が似ていたり、もしかしたらそれらを展示する考え方も同じなのかもしれないということを感じるのだが、いかがだろう。もちろん地域の博物館ということになれば同じような資料で同じような内容になってしまうのは仕方がないのかもしれないが、資料に対する厳密な研究としっかりとした計画に基づく資料の収集がはかられることによって同じような資料を展示しても個性化は可能になるはずである(10)。また最近の博物館の展示室では、積極的にジオラマやレプリカを作成して展示資料とし、説明しやすくかつ分かりやすく、という展示が主流である。分かりやすいことは当然であるが、どこでも同じような、というのはこの点でも当てはまる。発掘調査され保存が決まった遺跡でも建物などはなるべく復元して立体的にして人々の視覚的な理解を助けるというのが最近の傾

向のようだ。文化庁のすすめる「ふるさと歴史の広場」の事業の中でも、「遺構全体模型の設置」や「ガイダンス施設の建設」などと並んで「歴史的建造物の復元」が補助対象としてあげられている(11)し、平城宮跡では、朱雀門の復元が始まっている。しかし、外国の大きな博物館を訪れてもよく感ずることであるが、博物館の展示の原点は実物資料の持つ迫力を伝え、資料そのものによってある種の感動を与えることではないだろうか。これは博物館の規模の大小には関係はない。先程触れた社会教育分科審議会の報告の中には「情報化の進展の中で実物資料に身近に触れることができる博物館の意義」が上げられている。資料を使って何かを説明しようとすることにばかり走ってしまうから、レプリカもたくさん必要になるし、そうなれば苦労して実物を収集しなくても作れば済むということにもなりかねない。資料を使ってではなく、資料そのものを伝えること、そしてそのためには資料に関する十分な研究が必要になる。展示室は資料を展示することによってその博物館の学芸員の研究の成果が見られる場であってほしいし、当然学芸員はそのような意味での研究や収集に当たるはずである。博物館が個性を発揮するまず最初の場は展示室であって、それを支えるのはまず学芸員の研究成果であると考える。個性化の第一歩はやはり学芸員そのものの存在に戻ってしまう。現状の学芸員の配置状況と勤務形態のなかで、どこまで学芸員に求めることができるのだろうか(12)。

註
（1）「社会教育調査報告書」平成5年度
　　　平成20年度の同調査では、登録施設・相当施設合わせて1,245館、類似施設が4,528館、合わせて5,773館、である。
（2）「社会教育調査報告書」昭和62年度・平成2年度・平成5年度版により作成。
　　　平成19年度間の数値は、登録・相当施設123,970千人（1館あたり99.6千人）、類似施設155,711千人（同じく34.4千人）となる。なお国民一人あたり1年間に2.2回、これらを訪れたことになる。
（3）長谷川裕恭　1996「社会教育主事、学芸員及び司書の養成・研修の改善措置等について」『社会教育』1996-10
　　　『社会教育主事、学芸員及び司書の養成、研修等の改善方策について』報告書
（4）鷹野光行　1996「博物館法施行規則の改正について」『全日本博物館学会ニュース』第42号1997年2月

(5) (3) に同じ
(6) 「第43回全国博物館大会報告」博物館研究 Vol.30 No.12
(7) (2) に同じ。なお、同様のデータを文部科学省社会教育課が「これからの博物館の在り方に関する検討協力者会議」の資料として平成17年度のデータをもとに作成した。

	登録施設	相当施設	類似施設
一館当り建築面積	—	—	—
スロープ設置状況	62.8%	61.6%	48.4%
身障者用トイレ	73.5%	68.3%	50.7%
諸集会の実施	78.7%	63.5%	37.7%

出典：平成17年度社会教育調査

(8) (2) に同じ。このデータ（学芸員数の変遷）についても社会教育課作成資料がある。

	昭和61年度	平成元年度	平成4年度	平成17年度
登録施設	1,430 (2.79)	1,617 (2.88)	1,879 (3.04)	2,625 (3.03)
相当施設	513 (2.29)	486 (2.05)	463 (1.91)	969 (2.93)
類似施設	495 (0.31)	774 (0.36)	1,041 (0.37)	1,374 (0.31)
合　計	2,438 (1.05)	2,877 (0.97)	3,383 (0.91)	4,968 (0.88)

専任の学芸員と学芸員補を合せた数。
（　）内は一館当りの数

(9) 鷹野光行 1996「学芸員をめぐる課題―解決への方策を探りながら―」『博物館実習報告』第11号　お茶の水女子大学学芸員課程委員会
(10) 相模原市立博物館の「地域と農具」の展示の例など。
(11) 鷹野光行 1992「遺跡の整備・活用について―タイにおける事例を中心に―」『お茶の水女子大学人文科学紀要』第45巻
(12) 以上は1996年12月15日に行われた相模原市立博物館での「博物館の現状をめぐって」と題する講演の際の資料をもとに大幅に加筆したものである。このような機会を与えていただいた同博物館　浜田弘明氏に感謝の意を表する。

6 エコミュゼと生涯学習

　ある地域の人々が学んだりいろいろな活動をしていくことによって、仲間ができ仲間を作り、ともに学んでいきながら自分たちの生活する地域の良さを知りまた地域の抱えている問題を自覚し、学びながら解決への方策を探っていこうとしていく生涯学習を推進する社会がその地域に構築できたとき、その町をエコミュゼ・エコミュージアムという見方・考え方でおおってみてはどうでしょうか。

　最近町づくりや地域づくりを語る中で、エコミュージアムがよく取り上げられています。エコミュージアムはフランス語のエコミュゼを英語に直した語で、日本語では「生活・環境博物館」とかただ単に「環境博物館」などと翻訳されていますが、日本では日本語に直したこれらの語や原語ではなくて現在は英語にされた「エコミュージアム」が普通に使われています。

　ミュージアムという語が用いられていますように、これが博物館の形態のひとつと考えられるとすれば、「博物館」ということばからは、東京の上野にある東京国立博物館のように古くから保存されてきた文化財を展示して公開している場であるとか、最近小田原にできた県立生命の星・地球博物館のように動物や植物、岩石などの自然それも珍しい自然を展示したり、という場所を連想しがちでしょうが、エコミュージアムはそれらとは大分違った形態のものですので、あえて環境博物館などの言葉ではなくてことさら片仮名で表記した名が使われているのでしょう。

　もともとの言葉からわかりますように、エコミュージアムはフランスで考えられ、最初に作られました。フランスで成立したときの様子をみる(1)と、どうもこれまで日本に紹介され、各地で導入さ

神奈川県立生命の星・地球博物館

れようとしているエコミュージアムというのは、フランスで作られてきた本来のものとは少し違うようで、その外面の形態的な部分だけが強調されて紹介され取り入れられようとしてきたように考えられます。これまで紹介されてきた形というのは、一つの自治体の範囲を越えるような広い地域に展開されたエリアに、コアと呼ぶ中核の施設があって、エリア内のあちこちにサテライトと呼ぶ施設があり、コアとサテライトとは発見の小径で結ばれる、という形があって、そのエリア内の産業や観光の開発を進めてそれらを軸に町づくりが行われる、というようなものとみえます。しかし、本来のエコミュージアムというのはこうした形が示すだけのものではなく、地域を保全して生活の場として活用していくための道具であり、行政と住民とが一緒になって構想し作る場であり、住民が自分たちの地域の歴史と伝統、そして自然をひっくるめた環境を通じて考えていく場であった、というものであると考えます。日本に「エコミュゼ」ではなく「エコミュージアム」として導入されたときに、言葉を変えるだけでなく概念も変えて導入された、といえるのではないでしょうか。それは「エコミュージアム」の「エコ」には、「エコロジー」の「エコ」だけではなく、「エコノミー」の「エコ」もはいる、とする考え方のように思います。以下本稿では、エコミュージアムではなく、エコミュゼ、と表記してすすめます。

　前田千世の研究によれば(2)、1960年代後半のフランスで、国土整備政策の一環として地方の自然公園が設置され、それがおりから普及してきた長期間のヴァカンスの場としても注目されました。そしてフランスにおける野外博物館設立への動きと世界的な環境保護の風潮と結びついてエコミュゼが誕生していきました。のちに自然環境だけでなく歴史遺産や民俗遺産をも含む生活環境全体の保存と活用の場としても応用されていきました。エコミュゼの形態もしだいに整えられていき、一定の領域（テリトリー）をもつこと、テリトリー内部の遺産を保存活用する場としてアンテナと呼ぶ場を設定し、それを実現するためにも住民の参加による活動が不可欠であるとの認識が定着していきました。1981年にフランス文化省が定めた「エコミュゼ憲章」の第一条には、

　　エコミュゼは、ある一定の地域において、住民の参加によって、その地域に受け継がれてきた環境と生活様式を表わす自然・文化財産を総体にして、恒久的な方法で、研究・保存・展示・活用機能を保証する文化機関である。

とあります。またこれに先立つ1980年に、エコミュゼの構想の積極的な推進者であった、G. H. リヴィエールは、

- エコミュゼは行政と住民とが一緒になって構想し作り活用していくもの。
- 住民たちが自分たちの地域・生活を確認していくための鏡であること。この鏡に自分たちの仕事・習慣・生活を映して地域を見つめ直す。
- その地域の自然環境・歴史・産業を保全し、自然遺産や文化遺産を保存し活用する場であること。
- それらを研究する場であるとともに研究を通じて学び未来につなげる場。
- 常設的な展示室、その地域の建物・産業のための建築物・考古学的あるいは歴史的遺跡などによるアンテナ施設、資料室、研究室、収蔵室などの施設がある。

などのエコミュゼの性格を示しました。

従来の博物館のように、ふだんの生活と直接にはあまり関係のないところに存在していて、住民は時々そこを訪れて珍しいものをみたりすることで非日常的な感動をする、というのではなく、身近なというより住民自身の生活の場や環境そのものがエコミュゼという博物館のなかにある、という趣旨で存在するものなのです。

一つの地域の町づくりに、このエコミュゼの考え方を取り入れてみたらどうでしょうか。そして生涯学習の体制が確立して住民みんなで地域を考えることができるようになったときに、自分たちの生活の場がエコミュゼなのである、という見方で回りをみてみたらどうでしょうか。

エコミュゼは前にも述べたとおり博物館の形態の一つであるとするならば、当然博物館のいくつかの機能はそのままもっているはずです。つまり、さまざまな資料の収集と保存、いろいろな調査や研究活動、そして展示などを通じて人々の学習援助を行なう展示・教育活動の3つの機能[3]です。

博物館にはそこで保存し活用する資料があります。エコミュゼではそれはそのエリア内の自然であり、民俗・文化遺産でありまたそこでの人々の生活そのものです。これらは博物館の資料だからといって大切に保存していかなければならないというものだけとは限りません。エコミュゼで一番大切に保全していかなければならないのはその地域の環境と調和したそこの住民たちのよりよい

生活であるとすれば、その実現をはかるためにも資料は活用されます。そして生活をさらによりよくしていくためにいろいろな資料の収集がはかられます。資料といっても具体的な形をもった物質とは限りません。生活や環境を良くしていくための知識や情報もその一つであるし、地域の産業を活性化していくためのノウハウも然り。これらの知識・情報・資料をもとにして毎日の生活をよりよくしていくための工夫が行なわれるでしょう。それがエコミュゼにおける調査や研究にあたることなのです。住み良い町にするために現在の問題点を見つけだしていき、改善し、次の世代に住み良い環境を残し伝えていくこと、それが住民自身の手によってなされること、これも博物館であるエコミュゼの重要な機能です。住みよい町になればそこには人が集まるようになります。新たに隣人になった人たちに自分たちの町の良さ、快適な暮し方を伝える。それはまさに学習援助ということにならな

湯河原町の風景　山と海

湯河原町の風景　港

湯河原町の美術館

いでしょうか。そしてその町には、豊かな自然、緑と海と楽しい空間があります。それらを求めて町の外からも人が訪れるでしょう。その人たちにむけて町の良さを語り、自然を満喫してもらうように工夫する住民たち。地域の人々はさまざまな活動や学習によって皆が自分の住んでいる環境や地域を良く知るようになりそこでの満足のいく暮し方を熟知した一人一人になります。こうした

人々は地域を知る人であると同時にその良さを訪れる人たちに伝えることもでき、町の良さを語ることのできる一人一人です。博物館の専門職員を学芸員といいますが地域の住民は一人一人がまさにエコミュゼにおける学芸員(4)なのです。訪れた観光客が町を散策して道に迷ったとき、正しい道筋を教えてあげ、ついでに地域の案内をしてあげる、これも学芸員としての仕事です。学芸員たちはエコミュゼの発展のために積極的に発言し意見を述べ、町の活性化、町づくりに学芸員たちの意見が反映される。繰り返し断わっておきますが学芸員は特別な人ではありません。町の住民たち自身なのです。

エコミュゼの形態をあてはめてみましょう。コア、には郷土博物館を設けるならばこれをあて、ここではその町の歴史、風土、産業、自然などをひととおり展示したり学ぶことのできる場となります。学校の授業のなかでここが活用されるのも良いでしょう。サテライトとする場はいくつか例を上げておきましょう。温泉場地区ならば温泉資料館を設けてもよいですし、湯元をそのまま活用することもできます。湯元近くの旅館の一部を利用しても良いのです。今あるみかん農園もそれ自身がサテライトになりうる。海の家だってよいのです。ことさらに新しいものを設けるまでもなく、学芸員（住民）の生活の場をそのままサテライトと見なしてしまうことでもよいのです。文豪が宿泊して大作をものした部屋、地域に保存伝承されてきた民俗芸能や踊りなどを伝承したり練習する場所、ここで指導する人たちももちろん学芸員としての役割を果たしていることになります。町のなかの民話や伝説の舞台となった場所、水車小屋、ユニークな看板のある店先、文学碑。みなサテライトです。

自分たちの町がエコミュゼであり、自分はそこの学芸員である、という認識のもとに生活する日々。こんな考え方のもとに進める生涯学習体制というのはいかがでしょうか。

　　　本稿は1993年7月に実施した神奈川県湯河原町の「湯河原町生涯学習調査」に基づいた報告に加筆訂正をおこなったものである。報告提出後それが湯河原町によってどのように利用されたものであるのかは承知していない(5)。

註
（1）　前田千世「エコミュゼに関する一考察―その背景と理念形成から―」平成7

年度お茶の水女子大学大学院人文科学研究科修士論文
（2）（1）に同じ。以下、フランス語からの翻訳は前田による。
（3）　鷹野光行　1999「博物館の機能再考」『人間の発達と社会教育学の課題』学文社
（4）　もちろんここでいう学芸員は資格のあるなしにかかわらず、学芸員の仕事をする人、の意である。
（5）　本稿の内容の一部を、鯖江市のうるしの里づくり協議会による『うるしの里づくりビジョン―21世紀日本の里づくりをめざして―』（平成11年3月）中に「エコミュージアムの提案」として提供した。

7　博物館ボランティアを考える

　ボランティアの話に入る前に、その活動の場である博物館とはどういうところかを確認しておきましょう。
　ユネスコ、国際連合教育科学文化機関は1960年に「博物館をあらゆる人に開放する最も有効な方法に関する勧告」という勧告を出しました。ユネスコがこういう勧告を出したのは、教育の機会均等の実現とか、人々の相互理解の増進などのユネスコの持つ課題のいくつかの点で博物館が大事な役割を果たすものであるという認識を持たれたからです。博物館を通じて、世界中の人々の相互理解を進めよう、それによって平和な世界の実現に努めよう、というのです。博物館の持つ資源には世界中の人々を結びつける大きな力があるのです。このことを逆にみると、博物館が略奪の対象となった歴史のあることがあげられます。1990年のイラクがクウェートに侵入した湾岸戦争の折には、クウェートの博物館がイラク軍の略奪にあいましたし、アフガニスタンでもカブールの国立博物館がひどい目に遭っています。古くは、第2次世界大戦の末期、ドイツに侵攻したソ連軍は、有名なシュリーマンのトロイの宝物を持ち去り、最近までその所在がわかりませんでしたがつい最近、ロシアのプーシキン美術館に所蔵されていたことがわかりました。博物館は平和の象徴でもあるのです。博物館の資源が有効に活用されれば、ここにあげたようなユネスコの期待する役割が十分に果たせることを示すことになります。
　この勧告の中で、ユネスコは、まず各国がそれぞれの国の中で博物館を利用しやすい場としなさい、ということで、解説は誰にでもわかりやすく、誰でも行きやすい時間に開館する、博物館には休憩施設を設ける、入館料は無料とする、あらゆる手段で広報活動を行う、学校教育や成人教育に寄与する、などの項目をあげております。
　博物館で、人々は古くから伝えられてきた道具などを見たり動かしたりして、昔の人々の知恵を学んだり、優れた絵画や彫刻などによってすばらしい芸術に浸り、ある種の感動を覚えるとか、普段の生活の中では出くわすことのないよ

うな珍しい動物にあったりしてその珍しさにまた感動する、という様な経験をするのです。これは言葉は堅いのですが、その場で教育的な効果が生じていることに他なりません。

　一言断っておきますが、博物館には、私たちの身の回りのあらゆるものがその資料となりますので、絵も、彫刻も歴史資料も、動物も植物もサカナも空気もみな対象です。ですから動物園も水族館も美術館もみな博物館です。

　日本では、最近その改訂が話題となっている教育基本法には第7条2に「国及び地方公共団体は、図書館、博物館、公民館等の施設の設置（中略）によって教育の目的の実現に努めなければならない」と示されており、博物館は教育機関であることが明確にされております。教育基本法を受けて作られた社会教育法には、「博物館及び図書館は社会教育機関とする」と書かれております。

　従ってボランティアも博物館が教育機関であることを前提に考えなければなりません。「教育」という言葉をあまり重く考えないでください。学校での教育とは違う、博物館それぞれでの教育の形があるのですが、また同時にレクリエーションや楽しみという要素も博物館には大事です。でもだからといって単なる娯楽機関ではありません。博物館では知らず知らずのうちに、自然に知識が身に付いたり芸術的な感動を受けたりする場なのです。根本のところは教育機関である、ということを頭に置いてボランティアについても考えなければなりません。

　まず博物館でのボランティアの活用の実態を統計によってみてみましょう。受け入れ状況を設置者によってみてみます。この調査はアンケート調査なので、％で示します。日本博物館協会のアンケート調査に対して、回答のあった2030館のうち、ボランティアを受け入れている館は609館で、ちょうど30％でした。前回の調査では14.2％、前々回が10.6％でしたので、大幅に伸びています。

　博物館の設置者別では、一番多いのが都道府県立、次いで国立、なのですが、より地域に密着していると思われる市立、町

表6　設置者別博物館のボランティアの受入

日本博物館協会　平成16年9月調査	30.0%
〈平成9年調査　14.2%　　平成5年調査　10.6%〉	
国立	38.6%
都道府県立	52.7%
市立	36.6%
町村立	21.6%
公益法人立	16.8%
会社個人等	10.4%

村立はそれぞれ、36.6％、21.6％にとどまっています。最も低いのが会社個人等、で私立の館での活用の割合が低い、と指摘できます。

博物館の種類でみますと（表7）動物園、植物園、総合博物館の順になり、逆に少ないのは地域とのつながりが深いはずの郷土博物館です。

ボランティアの受け入れの開始年度も調査されています（表8）。ボランティアを受け入れている館の約6割（59.7％）が平成10年度以降の受け入れで、ボランティアの活用はここ10年ほどの傾向といえるようです。

別の統計ですが、文部科学省が3年に1回行っている社会教育調査で、法令上の博物館が1120館中312館、27.9％、博物館類似施設とされるところが4243館中543館、12.8％がボランティアを活用しています。ここでは博物館と博物館類似施設をあわせたものが私たちがごく普通に博物館、と呼んでいるもので、この調査は日本博物館協会の調査とは違って悉皆調査に近いものなので、より実態に近いものといえそうです。

表7	館種別の受入状況
総合博物館	46.6％
郷土博物館	22.1％
美術館	29.8％
歴史博物館	27.1％
自然史博物館	32.0％
理工学博物館	40.6％
動物園	52.6％
水族館	34.7％
植物園	47.6％

表8	受入開始年度
～昭和64年	9.0％
平成元年～3年	5.1％
平成4年～6年	7.9％
平成7年～9年	13.0％
平成10年～12年	23.8％
平成13年～15年	28.2％
平成16年～	7.7％
無回答	5.3％

ボランティアを活用する目的は何か、というアンケートでは、あらかじめ用意された項目について答える、という形です。ここでは1993（平成5）年11月に行われた日本博物館協会の調査結果ですが、博物館活動の活性化、とするのが22％、生涯学習の一環として、21％、地域住民の知識と経験を活用する、15％、地域との結びつきの強化、14％、職員の手不足のため、11％　でした。このうち、2番目と3番目は、聞き方は別でも、生涯学習との関連とくくってよいでしょう。3番目と4番目は博物館と地域社会を結ぶ役割をボランティアに期待することがわかります。なお、職員の手不足を補う存在というところも一定数あって、とくに私立の博物館では40％ほどがあげています。これは今日のボランティアに対する考え方とは別の次元のことです。

公立の博物館では、県立の館は生涯学習の一環として、市立では館の活性化、町村立では地域住民の知識と経験の活用、をそれぞれ第1位にあげていて、お

のおのの設置者別の博物館の役割を反映していることになります。

ボランティアが実際に博物館でどのような活動をしているのかを見て見ます。このデータも先ほどの日本博物館協会による2004（平成16）年9月のアンケート調査によります。案内等、つまり来館者との対応に半数以上のところ

表9　受け入れ基準

熱意	36.5%
一定期間の活動可能	27.1%
講習会への参加	24.3%
専門知識・経験	15.1%
年齢	11.9%
友の会会員	6.6%
居住地等	5.4%
その他	6.2%

（53.7%）で従事しており、次いでイベントの運営、友の会の業務、広報活動など（32.7%）、学芸業務の補助（31.4%）がそれに続いています。ほかに接客補助（25.1%）、環境整備（20.0%）、事務補助（10.8%）、その他（15.8%）です。博物館の種類別に見ますと学芸業務の補助を行っている割合が高いのは自然史系の博物館や総合博物館で、標本類の整理が推測されます。接客補助、は美術館と水族館の割合が高く、環境整備は動物園がトップです。事務補助という項は美術館が盛んでした。同じ時の調査データで、受け入れの基準を見ます。受け入れの基準を定めている館は59.3%で、その基準が表9です。熱意、週何日とかいうような一定期間の活動が可能であること、今回のようなあらかじめボランティア養成のための講習会への参加、と並び、専門の知識や経験を重視するところはあまり多くはないようです。設置者・管理者別に見ると、熱意を重視するところが多いのは国立（70.6%）、会社・個人等（58.5%）、継続的な活動を求める一定期間の活動が可能を重視するのは水族館（64.7%）や国立（58.8%）です。年齢の基準は、下限だけ、上限だけ、下限と上限の両方、とあって、別の調査では下限は18歳というのが最も多いのですが、60歳とか65歳というのもありました。上限は75歳が一番上でした。

また募集方法としては博物館の広報誌やポスター、あるいは公的機関の発行物、という方法をとることが多いのですが、推薦とか、紹介、というような、いわば口コミによるところも相当あります。博物館自体の広報活動は大変重要なのですが、最大のそして最も効果的な広報手段は口コミである、という人もいます。

ボランティア活動は、ボランティア活動をする人自身のためでなければなりません。もちろん、ほかの人のためになる、そのために始めることもあるで

しょうが、その結果、重荷になってしまったりしてはいけないのです。ボランティア活動に参加することによって友達や仲間ができたり、とても楽しい思いをしたりというようにやっていかなければ、大げさに言うとそれが生きがいにもなるようなものであって欲しいものです。以前に永六輔さんがラジオの番組で、女優の東ちづるさんと話をしていて、東さんのおこなっているボランティアとしての活動に、「辞めたくなったらやめていいのだ、ボランティア活動は恋愛みたいなものだから、嫌いになったら辞めればよいし好きだったら続ければよい」といっていました。なるほど、と思いましたがいかがでしょうか。

　また、先ほど博物館は社会教育機関であるということを示しましたが、ボランティア自身の生涯学習の場としても博物館は重要なところです。そうはいっても、ボランティア自身のためだけにそれはあるのではありません。ボランティアの「生きがい」になるということはボランティア活動が行われることによって誰かの、あるいは何かのためになるということがあるからでしょう。やりがいがあるから行われるのでやっても何のためにもならないというようなことには誰も参加したがらないでしょう。博物館にとっても大きなメリットがあるのです。学芸員や博物館の仕事の一部を担ってもらうことで、たまった処理しきれなかった仕事が一部解消するメリットもあるでしょう。しかし、これはあくまでも結果としてそうなる、ということです。多くの人が参加することでさまざまな事業にある程度のゆとりができることは間違いないでしょう。博物館全体の活動にも幅が出てきて、その機能が高まることになるでしょう。そして博物館の機能の高まることは利用者、市民の利益にもなることです。

　結局ボランティア活動というのは、ボランティア活動を行う人自身、博物館、利用者イコール市民・地域社会の利益につながることになるのです。

　そうはいっても、博物館側からみると、ボランティアを導入するのは大変だ、手間がかかる、ということもよく聞きます。またボランティアに博物館に入ってもらう際に大きな問題となるのが、お互いの要求が一致しないことがあげられます。博物館としてはやってもらいたいことには人が集まらない、ボランティアをしようと考える人にとってはやりたいことのメニューがない、といいます。でも、こんなことはボランティアを導入しようということから博物館側がよく考えれば克服できることです。どんなことでもそうだと思いますが、今

までやっていなかった新しいことを始めようとすれば今までの経験の中では解決できないことがいくらでも出てくるものでしょう。しかし、こういう障害があるからできない、進められない、というのではなく、障害があるならそれを越えていくためにはどうしたらよいのか、というところから考えなければならないでしょう。

　今日、博物館に期待されている「地域における生涯学習の中核的拠点」としての役割とボランティア活動を結びつけると、博物館はボランティアを利用するという視点ではなく、市民の生涯学習の場として、すなわち学習の成果を確認する場として、また学習そのものが行われる場として、あるいは人々の余暇時間を活用する場として、の役割なのでしょう。ボランティア活動に参加する人たちにも求められることがあります。それは、活動中、つまり博物館のなかにいる間は、自分たちがボランティアである、という自覚よりも、博物館の構成員、職員の一人である、という自覚が求められることです。博物館にやって来たひとたちからみれば、展示室にいて説明をしたりしてくれる人はボランティアの方であろうがそうでなかろうが、等しく「博物館の人」であるわけです。活動中はその博物館の最前線にいるのだという自覚を持って、お手伝い、という様な意識は無用であり、場合によっては博物館がよい印象を持たれるかそうでないかも最前線にいる人たちに大きなかかわりがある、という意識もまた必要であります。同時にこれは展示室にボランティアを送り出す博物館側にも要求されることで、ボランティアの人たちをお客さん扱いするのではなく、博物館の活動の一翼を担う重要な存在である、と認識した上で対処しなければなりません。

　心理学者の河合隼雄さん（当時文化庁長官）が、文化ボランティアというのを提唱しています。ボランティアに文化をつけてどう違うのか、はっきりしないところですが、その長官のもとで文化庁でもこの事業を推進しています。特にこれが「文化ボランティア」だ、という定義はないのですが、河合さんは「文化芸術に自ら親しむとともに、他の人が親しむのに役立ったり、お手伝いをするようなボランティア活動」のようなものを文化ボランティア活動、としています。結果としてボランティア活動によって積極的に人生を楽しむことになるのだ、と意義付けをしています。

本来ボランティア活動というのはこのようにお役所が主導して行うものではないのですが、博物館などでの活動をより意義付けるものとして取り上げてみました。

　大久保邦子さんが監修した『文化ボランティアガイド』(2004.1 (株) 日本標準) のほか、文化庁のホームページにも、実際にこの名のもとに行われる内容などが紹介されています。以下この本によって文化ボランティアを紹介しましょう。

　大久保さんの本にまとめられているところによると、文化ボランティアは博物館、美術館、図書館などの文化施設の事業を支える活動で、もともと文化施設というのは個人の学習の場であり、地域の文化・芸術活動を高める活動の場であって、住民とともに創ることを運営の理念とする、という説明です。

　地域の文化センターなどホールのあるところでは、行政と組んで文化ホールなどの企画・運営にあたる、チケットもぎりや客席案内・照明などの裏方を担う、ポスターやチラシ作りなどの広報活動に携わる、文化ホールでの講演活動を行う、などの活動があり、ここでは「ホールを活用すること自体が住民としての権利であり、責任でもあるという市民意識」が必要なのです。また町おこし・地域おこしにつながる活動もあります。行政の協力ももちろん必要ですが、札幌のYOSAKOIソーラン祭りや湯布院の映画祭はボランティアの手によって運営されたのだそうです。

　受付案内・資料整理・生け花・託児・広報などの施設の運営のサポートは特別な技術や知識は特に必要なく、これまでに楽しみながら得てきた知識などを活用すればそれでいろいろなことに参加できます。一方、新たに学習した、あるいは得た知識や技術を確認する意味で活用するボランティア活動には美術館の展示室での解説活動や図書館での点字への翻訳などがあるでしょう。

　大久保さんの本の中で、文化ボランティアの魅力のポイントを
　　・趣味や特技を生かし、楽しみながら社会貢献できる
　　・学習や特技を深めることができる
　　・いつでもそこに「活動の場」がある
　　・継続的　日常的にできる
　　・仲間ができる
　　・学び合い、気づき合いの場

・地域がわかり、地域の文化創造に貢献できる
・まちづくりにつながる活動

と、このようにまとめています。博物館でのボランティア活動もまさにこのような魅力に富んだものであるのでしょう。

最後にまとめとして、本当はこの話を一番はじめにしなければならなかったのかもしれませんが、ボランティア活動の基本的な理念を振り返っておきましょう。

1. 自発性・主体性、他人から強制されたり、義務としてではなく、自ら進んで活動する、というものです。高校生に必修単位としてボランティア活動を義務づけよう、というようなことがいわれたことがありますがとんでもないことです。
2. 公共性・連帯性、一人で行うボランティア活動、というのもあるでしょうが、仲間と一緒に支え合い、何らかの形でまわりや社会の環境を整え、それに貢献する活動です。
3. 無償性・無給性、自発的、ということはその行動に対して金銭的な対価を求めない、ということにつながります。行動することによって金銭的な報酬を求めることが目的のことではないのです。ただし、場合によっては交通費とか食費、必要経費とか、お互いの関係を暖かくつなぐ形でのやりとりはあってもよいものです。そのことは無償性に反するものではないでしょう。
4. 創造性・開拓性・先駆性、行動は停滞するものではなく、活動していくなかで何か問題を発見してそれに気づき、そしてそれを解決していく行動も出てきます。いまよりもさらによい環境をつくっていこうとする活動です。

私自身は「私はボランティア活動をしています」、と人にひけらかすのはあまり好ましいこととは思わないのですが、1つの例として、私自身のボランティア体験をお話しします。

ボランティア活動というものが私たちの生活の中でごく身近なふつうのものとなっていった大きなきっかけは、1995年1月17日の阪神淡路大震災を経てのことでしょう。あのとき、私は何をしていたか、まずテレビを見てびっくり

し、大変なことが起こっているのだ、友人や知り合いで被害に遭っている人はいないだろうか、とまず心配をしました。心配するだけで何もできなかったのです、精神的な支援だけはしていましたが、でもそんなもの何もならないですね。大学の研究室で、学生たちが支援を始めました。身近にいた学生たちは女性たちに生理用品を送ろう、という活動を始めました。こういうことは男は気づかないものです。一生懸命に動いている学生たちを見て何か手伝いたい、と思い、まず金銭的な支援、カンパをしました。でも、ものがものだけにあまりあれこれと手が出せません。結局私は支援を求める手紙の封筒の郵送の手伝いをしていました。時間を決めて、とかそんなことではなく、私の時間のあいたときに手伝ってくる程度でしたが、震災の現場に飛び込まなくても、遠くにいても自分でやれることをやればいいのだ、あとで気づいたのですがこれも一応ボランティア活動でした。

　もう一つ、現在博物館学の学会の会長をやっておりますが、これもボランティアです。博物館学の振興のために何かやろう、と思ってこの立場に立ちました。誰かにやれとか強制されたものではなく、自発的なものです。そして同じ分野の人たちと研究会などを通じて学び合うこともでき、もちろん報酬はありませんしむしろ持ち出しになります。そして活動がうまくいけば博物館を通じて理想的な社会の構築にも寄与することになるでしょう。でも、一定の任期がくれば会長は辞めてほかの方と交代します。このこと、大事だと思います。ボランティア活動は、続けなければならないことではないのではありませんか。誤解を恐れずにいえば、辞めたくなったらやめてよいのではないでしょうか。もちろん一定の期間続ける、とか始めるときの約束事はあるでしょうから始めたらその期間はやらなければなりませんが、辞めるのも自発性だと思います。

　楽しくなければ何にもなりません。自分のやれることをやれるときに、ただし行動中は責任を持って、楽しくやっていく、それがボランティアの活動のように思います。

　　　2006年6月18日，富士市立博物館で博物館ボランティアについて話をする機会をいただいた。そのときの話の内容の一部を改変してまとめた。

8 これからの中小地方博物館の在り方

　私は生まれも育ちも東京です。小さいときから歴史読み物が好きで、大学では考古学を学びました。考古学というのは発掘という調査方法をとることはご承知の通りですが、その発掘についてあれこれ学んだのはこの北海道の地でした。最初は常呂で、そしてこの近くの西崎山で、発掘を学びました。大学院の時にやはり常呂で藤本強先生の元で発掘調査を行い、その時の成果をもって論文も発表することができました。ですから、ヒトとして生まれたのは東京ではありますが、考古学という分野での私は北海道で生まれ育ったという気持ちをいつも持っております。そして考古学を傍らに置きながら、勤め先の関係もあって博物館のことに関わるようになり、いま、博物館法の改正にかかわることのお手伝いもさせていただいております。

　「これからの中小地方博物館の在り方」ということですが、今日は「博物館はどういう観点から評価されるべきか」ということに絡めてお話できれば、と思います。

　昨年6月の「新しい時代の博物館制度の在り方について」の報告書の中で、私たちは、博物館とはなにをすべきところなのか、現代の社会の中でどのような存在であって欲しいのか、ということを示してきました。この報告書では博物館は、「集めて、伝える」博物館の基本的な活動に加えて、市民とともに「資料を探求」し、知の楽しみを「分かちあう」博物館、であることをいい、詰まるところ、教育機関であることを前提として博物館のあるべき活動・姿を提示したと言えます。博物館とは資料の保存・蒐集・研究を経た上で、本質は教育機関である。これはユネスコなど、国際的な場でも、またわが国の博

常呂での発掘調査　ライトコロ川口遺跡（1974年）

物館法でも依拠するところであります。

　報告書ではそのためには博物館の形や働きなどどのようなものが備わっているとよいのか、ということを登録の基準という内容で示しました。その観点は3つで、

　①経営、マネージメントの観点。決して経済的効率から見るということではなく、博物館をどのようにしたら多くの人々から利用されるようになるのか、来ていただいた人々にどのようにしたらそこで快適な時間を過ごしてもらえるのか、そのためにはどのような考え方に立って博物館を見たらよいのか、という点につきるだろう。ミュージアムマネージメント、という言葉がよく言われるが、私はこれを「博物館の適切な管理運営」という言葉に置き換えて考えている。もの・ひと・ば にとって適切な、利用者や学芸員をはじめとする職員にとって適切な管理運営とはどうしたらよいのか、という観点を持つことである。

　②資料、コレクションの観点。資料を収集・保管し保有していることは当然で、調査研究活動を通じてそれらの価値を社会に対して明らかにしていくこと、伝えることが求められる。

　③交流、コミュニケーション。展示や日常のいろいろな活動を通じて、地域とどう関わりを持っているのか、今日的な課題でもある。博物館は博物館という城の中に閉じこもるのではなく、地域の中の生涯学習の拠点として開かれた存在になり、こうした観点からの活動が期待される、のです。

　これらは、特別なことでもなく、博物館の現場におられる皆さんにとってはそんなこと普段からやっていることだ、というような事柄かもしれません。ただ、やっている、ということと、それが地域の中でどのように評価されているかということはまた別に問題はあるかとも思います。

　これまでの博物館法では、登録の基準を建物とか、職員とか、開館日数とか、博物館の形によってきました。でも博物館の評価は博物館の建物がどれだけ立派か、というような形によるだけではなく、博物館がどのように地域に受け入れられているのか、など、博物館の日常活動面で行われるべきだと思います。つまり活動が評価されるというのは具体的にはどれだけよりよい教育的サービ

スを提供しているか、といってしまってもよいのではないかと思います。

　ここでいうサービスの中心は、人を引きつける展示（何度も人が足を運ぶような展示）であると考えます。学生相手の演習で、博物館の展示以外の教育活動の実態を見て評価する、ということをずっとやっています。材料は博物館から送ってもらっている館報や年報で、学生たちにはこういう見方をすることの意味が伝わらないことも多いのですが、結構おもしろい。入館者の動向というのも活動の評価のひとつになるので見ていくのですが、北海道の博物館を扱っているときに、ある町立の博物館で、びっくりしたことがありました。利用者の統計が出ていて、それによると、町の人口の3倍以上の利用者があるのです。道内の博物館で町の人口以上の利用者があるというところはほかにもありました。これらは実際の活動面を見ても普通に企画展や特別展もやり、講演会も開き、講座を持ち、というように、特別なことをやっているようには見えないのですが、どうしてこうなるのか、原因は年報や館報からはわかりませんでした。

　日常的な活動、には地域との関わりも大切で、つまりどれだけの人々が「気軽に」博物館の建物に入っていけているか、利用しているか、しょっちゅう出入りするか、そういう人たちがどのくらいいるか、つまり言い方を変えるとその博物館ファンをどのくらいつくっているのか、でもいいのですが、人口の3倍もの人が出入りする博物館、というのはこういうところがうまく機能しているのだろうと想像します。

　博物館にどういうきっかけで人がやってくるのかを考えると、いろいろな広報手段はありますが最大の広報は口コミによることがいろいろな調査で明らかになっています。つまりその博物館に行った人があそこはおもしろいよ、とかいいよ、とか言って他の人に話すから伝わる。展示のおもしろさもそうでしょうし、むしろ小さい博物館ならば、これはまさに学芸員の存在そのものによることが多いのではないでしょうか。学芸員が人を呼べる人柄・行動力の持ち主であって、人がものと同じくらい好きであり、また研究成果を自分だけでなく人と一緒に分かち合い楽しみ合うことのできる人であり、また学芸員が身近なお兄さん、おねえさん、あるいは気兼ねなくつきあえるおじさん、おばさんであること、そんなこともひとつの要素になっていいのではないでしょうか。

　そして子どもをうまくつかまえること。子どもたちに、博物館はしょっちゅ

う出入りできるところだよ、何でも聞きに行けるし調べにも行けるし、遊びにも行けるところだよ、ということを知らせてそのように使わせて欲しいものです。

　ただそのようにするには現在は学校の方にも問題があって、一言で言うと先生方が博物館のことを知らない。学校が、博物館というところを何か特別の場所にしてしまってはいないでしょうか。遠足などで利用するのも結構ですが、学校が博物館という資源をうまく使って、いつも連携をとって、子どもたちに、博物館というところは特別なときに行く特別な場所ではないのだ、という思いを持たせて欲しいものです。学校に対博物館の関係でよくなってもらうには、博物館は待っているだけではダメでしょうね。向こうが来ないならこちらから出かける、という考え方もあってよいのではありませんか。

　いくつか、日頃思っていることも交えてお話しさせていただきましたが、私は博物館の現場経験がありませんので、言葉足らずのところがあったら、それはお許しください。ありがとうございました。

　　2008年2月22日、小樽市総合博物館を会場として日本ミュージアム・マネージメント学会北海道支部会による「博物館北海道フォーラム　これからの博物館を考える─博物館法の改正に向けて」と題するフォーラムが開かれた。以下はパネルディスカッションのパネラーとしての発言のためのメモをもとに再構成した記録をまとめたものである。

9　文化財保護機関としての博物館の成り立ち

（1）　明治維新と文化財[1]

　「文明開化」という言葉に象徴されるように、明治維新は我が国における従来の制度、学問思想、風俗習慣などを急速に変革すると同時に、西欧の文化を崇拝し、実利主義の影響として我が国固有の歴史的・伝統的なものをすべて旧物であるとして破棄し顧みない風潮がみなぎった。これに加えて1868（明治元）年3月には神仏分離令が布告され、神社における僧形の別当社僧は還俗を余儀なくされ、また仏教関係の仁王門や鍾楼などが破壊されることがしばしばあった。これが原因となり更に拡大されていわゆる「廃仏毀釈」の嵐が吹き荒れることになり、物理的な破壊は免れても寺院自体の経済力も極度に窮迫していった。このために仏具や仏像を売却したりすることも少なくなかった。法隆寺のような寺院ですらも宝物の一部を皇室に献上する形で売却し、一息をつく、といった状態であった。

　また旧物を顧みない風潮の中で寺院だけでなく、城郭建築のようなものにまで破壊の手はおよび、わが国の古文化財はその保存上極めて重大な危機的状況に陥った。辻善之助は以下のようなこの時の実例を上げている[2]。
1. 興福寺の五重塔が明治初年に入札をもって払い下げられ、25円で落札された。その評価の基準はただその金具にあっただけだという。
2. 天平写経が、奈良で荒縄で数十巻ずつ束ねられ、古物商の店頭で一束5円の札が付けられていた。
3. 姫路城の天守閣が払い下げられ、100円で落札した。これも取り壊しの費用が莫大なのでそのまま沙太止みとなった。
4. 彦根城の天守閣も700円で売り払われた。まさに取り壊されようとした時、明治天皇の地方巡幸に当たって彦根に派遣されていた大隈重信の努力で解体を免れ、天皇から若干の下賜金を得て保存できることになった。

5．芝増上寺の徳川家の廟が焼き払われるとの噂が起こった。徳川氏に対する嫌悪の情もあっただろうが、また旧物を破壊するとの念も手伝ったことだろう。
6．8代将軍吉宗が植えさせたといわれる皇居のお濠の松が200円で売られ、燃料にされようとした。
7．明治4年、電線を引くのに不便だというので、東海道の松並木を伐採しようということになり、横浜小田原間から始まった。
8．鎌倉の大仏を外国へつぶしの値段で売ろうとした。
9．名古屋城を、無用の長物であるとして、金の鯱鉾はつぶして他の用途にあて、城内の建築物は壊して修復のための費用を省こうというので、明治3年に名古屋藩から上申書が出されたが許されなかった。

まだ幾つも上げられているが、顧みられなくなったり破壊されたのは建築物だけではなかった。伝統的な技術に依存する芸術家や工芸家もやはり顧みられず、彼等の生活は窮迫した。そのためほかの仕事に転じて辛うじて飢えをしのぐという話はしばしば聞かれたところである。狩野芳崖・橋本雅邦などの明治初期の画家たちはいずれも苦しい経験を経ており、あるいは西洋画家に転じ、または製図師となり、扇の絵を描いてこれを大道で売って生活したという話もある。

この様に、明治維新直後の古文化財は、保存上危機的な状況にあったのである。

（2） 古器旧物保存方の布告

廃仏毀釈の一方で、我が国古来の古器宝物類の保存を計ることが急務であるという認識も広まり、1871（明治4）年4月25日、大学は古器物の保護令を布告することを建言し、保護と合わせて集古館建設を提案した。太政官でもこの建言の妥当であることを認め、同年5月23日、「古器旧物保存方」を布告した。この布告には、

> 古器旧物ノ類ハ古今時世ノ変遷制度ノ沿革ヲ考証シ候為メ其裨益不少候処自然厭旧競新候流弊ヨリ追々遺失毀壊ニ及ヒ候テハ実ニ可愛惜事ニ候条各地方ニ於テ歴世蔵貯シ居候古器旧物類別紙品目ノ通最大ヲ不論厚ク保全可致事但品目並ビニ所蔵人名委詳記載シ其官聴ヨリ可差出来

とあって、別紙にあげられた品目は、

　　祭器・古玉宝石・石弩雷斧・古鏡古鈴・銅器・古瓦・武器・古書画・古書籍並びに古経文・扁額・楽器・鐘鈷碑銘墨本・印章・文房諸具・農具・工匠器械・車輿・屋内諸具・布帛・衣服装飾・皮革・貨幣・諸金製造器・陶磁器・漆器・度量権衡・茶器香具花器・遊戯具・雛幟等偶人ならびに児玩・古仏像並びに仏具・化石

の31種類で、それぞれ例を挙げている。そしてこれらの品物は神代より近世に至るまで、和品舶載にかかわりのない事を断っている。

　この布告の結果がどうなったかについては十分な資料がなくてよく分からないのだが、おそらく我が国における古文化財の再認識と保存思想の普及にある程度は役に立ったであろうし、またこれを機会に提出された古器旧物の目録に基づいて全国的な宝物類の調査を行うことになり、1888（明治21）年9月、宮内省に臨時全国宝物取調局が設置され、岡倉天心らがここによって活動を始めた。発足してから約5ヶ月の間に第1報から22報までの記事が官報に載るなど、その活動は目覚ましく、その後1897（明治30）年6月に古社寺保存法が制定されて、古社寺の所有する宝物類を保存する方策が確立するに及んで、同年10月に廃止され、その事務は博物館に引き継がれた。この間、明治21年5月から30年5月までの「臨時全国宝物取調局鑑査表」があるが、これには、古文書・絵画・彫刻・美術工芸・書蹟を、分類して、

　　歴史上ノ徴拠及美術、美術工芸建築上ノ模範トシテ要用ナルモノ　　147点
　　歴史上ノ徴拠及美術、美術工芸建築上ノ模範トナルベキモノ　　　　323点
　　歴史上及美術、美術工芸建築上ニ要用ナルモノ　　　　　　　　　1,114点
　　歴史上及美術、美術工芸建築上ノ参考トナルベキ要品　　　　　　2,035点
　　歴史上及美術、美術工芸建築上ノ参考トナルベキモノ　　　　　　4,377点
　　歴史ノ参考ニ充ツベキモノ又ハ史要参考簿ニ登録セルモノ　　　　1,336点
　　宝物参考簿ニ登録セルモノ　　　　　　　　　　　　　　　　　　5,665点
　　単ニ鑑査ヲ了セシモノ　　　　　　　　　　　　　　　　　　　200,094点
　　　　　　　　　　　　　　　　　　　　　　　合計　　　　　　215,091点

という数値が載っている。臨時全国宝物取調局は、調査の結果、優秀品に対して鑑査状を発行し、また登録をした宝物類は今みたように実に多数に及び、こ

れによって一般国民に古美術品保存の認識を深めた功績は極めて大きいものであった。

（3） 古社寺保存金の交付

1880（明治13）年度から内務省は全国の主要な古社寺などに対して保存金を交付し、15年間、1894（明治27）年度まで続いた。これは総額121,000円、がのべ539か所に交付されている。原則として同一社寺に対しては1回限り、最低50円から最高2000円程度であるが、多少の例外もあった。法隆寺は15年度に2000円、延暦寺も15年度に2000円、唐招提寺が17年度に1500円、長谷寺と当麻寺は16年度に1000円、平等院は14年度に1000円、仁和寺は16年度に1000円、出雲大社が19年度に1000円、宮城県の瑞巌寺は27年度に1000円、石山寺も17年度に1000円の交付を受けている。特例として滋賀県の園城寺は15年度に300円、16年度に1200円、23年度に400円と合計1900円を3回に分けて受けているし、栃木県保晃会という日光の保存に当たっていた団体は13年度と14年度に4000円ずつ8000円を交付されている。

　この保存金の趣旨は、社寺に対する維持基金の性質を持つもののようであったが、堂塔・伽藍・社殿等の修理に使用しても差し支えはなかった。実際それらの修理に当てたところもあったが、今日のような建造物の維持修理に対する国庫補助とは異なり、堂塔・伽藍の維持保存のために保存金を積み立てておいて、その利子をもって建造物の維持に当てるよう奨励していたようである。古社寺保存法の公布に当たっては、保存金は地方長官がこれを管理し、差し押えなどができない旨を明らかにしている。

（4） 古社寺保存法の公布――1897（明治30）年――

　この法律は、それまで内務省や宮内省でばらばらに行われていた文化財の保護行政を一本化したものと評価でき、文化財保護制度史上画期的なもの、とされる。

　この法律は全部で20条から成っている。第1条では「古社寺ニシテソノ建造物及宝物類ヲ維持修理スルコト能ハザルモノハ保存金ノ下付ヲ内務大臣ニ出願スルコトヲ得」と、保存金下付の出願を認め、第2条で「国費ヲ以テ補助保存

スヘキ社寺ノ建造物及宝物類ハ歴史ノ證徴、由緒ノ特殊又ハ製作ノ優秀ニ就キ古社寺保存会ニ諮詢シテ内務大臣之ヲ定ム」とまず保存を第一にした考え方が取られている。第4条で「社寺ノ建造物及宝物類ニシテ特ニ歴史ノ證徴又ハ美術ノ模範トナルヘキモノハ古社寺保存会ニ諮詢シ内務大臣ニ於イテ特別保護建造物又ハ国宝ノ資格アルモノト定ムルコトヲ得」として、「指定」とはいってはいないが、実際上指定制度がここに初めて制定されている。この特別保護建造物と国宝は原則として神職又は住職が管理にあたるが内務大臣の監督に属し、博物館への出陳が義務付けられ、保存と公開という文化財保護行政の2本の柱をすでに確立している。また処分や差押えの対象とできないなど、所有権の自由な行使を制限するところがあるが、これに対しては維持修理に保存金を下付して保存事業の助成をはかる措置を講じている。この補助金は年間15万円ないし20万円と決められていた。

「特別保護建造物又ハ国宝ノ資格アルモノト定ムルコト」は、以下指定と言い換えて進めるが、1897（明治30）年12月28日に第1回の指定が行われてから、ほとんど毎年定期的に行われた。第1回の特別保護建造物に指定されたのは、東大寺、興福寺、新薬師寺、唐招提寺、薬師寺、法隆寺、法起寺、法輪寺、室生寺、当麻寺が所有する今日の国宝級の古建築18件であった。

この法律に定められている文化財の保存と活用に関する部分は、今日の文化財保護法に至るまで、なおその大綱においては変化がないといっても過言ではない。そしてこの法律は、1929（昭和4）年に国宝保存法が制定されるまで、約30年間にわたり文化財保護のため重要な役割を果したといえる。それと同時にその後のわが国の文化財保護の基本となる、重点保護主義の出発点ともなった。

（5）　博物館建設への動き

明治政府は勧業政策を進めていく中で、1871（明治4）年、大学南校（ほぼ現在の文部科学省に相当）博物館名で博覧会を計画し、開催することを布告した。このときは布告だけに終わって実際には開催されなかったが、その布告の文面を見ると、新しい時代の啓蒙精神を体現しようとした試みであったことがわかる。

一方、先述のように廃仏毀釈などにより、文化財の保護は危機的状況を迎えていた。法隆寺のような寺院でも経済力が衰え、宝物の一部を皇室に献上しその時の下賜金により窮状をしのいだ。このとき献上されたのが現在東京国立博物館法隆寺宝物館にある資料である。このような情勢の中で、大学は太政官に対して、集古館建設と古器旧物保存についての建言をおこなった。後者についてはすでに述べたように処置が執られたが、前者についてはすぐには実現しなかった。

先に布告だけ出された博覧会は、改めて文部省博物局による博覧会として1872（明治5）年3月10日から東京・湯島聖堂の大成殿を会場として開催された。翌年オーストリアのウィーンで開かれる万国博覧会に明治政府として参加することが決まっており、その参加の準備も兼ね「古器旧物」や「剥製・標本天産物」を中心に、名古屋城の天守閣を飾っていたしゃちほこも含め600点あまりが出品され、大変な人気を呼んだ。会場の様子を描いた錦絵には、人々の頭だけが累々と描かれ、その真ん中にしゃちほこがある、といったものがある。1日平均約3000人、入場者総数約15万人を数え、当初の予定を変更して4月末まで開催された。

ウィーン万博参加のために博覧会事務局が太政官に設置され、文部省博物局に所属していた田中芳男や町田久成らが兼務していた。このように人と業務が重なっていたこともあってか、大成殿での博覧会の事務を行っていた文部省博

博覧会図会・古今珍物集覧

物局は1873(明治6)年3月に博覧会事務局に合併させられた。この合併により、大成殿に置かれていた資料もすべて山下門内(現在の帝国ホテルのあるあたり)にあった博覧会事務局に集められ、山下門内博物館(通称)が成立した。この博物館は、古物館・動物陳列所・植物鉱物陳列所・農業館・舶来品陳列所・植物分科園・有用植物園を備えた総合博物館であった。

　博覧会業務が一段落したあと、1875(明治8)年に一部が文部省に復帰し、再び湯島大成殿に置かれて東京博物館と称することとなった。それとともに博覧会事務局は内務省の所管する「博物館」となり、同年3月「皇国ノ主館トシテ……該館ニ限リ単ニ博物館ト相称シ……」たものとなった。つまり「博物館」という名はこの館にのみ用いられることとなったのである。ここには古物館・天産部列品館・農業山林部列品館・工業機械列品館・芸術部陳列館があった。山下門内のこの博物館は、湿気の多い土地のため資料の保管に懸念があったことや鹿鳴館建設などの都合も生じて、当時内務省の管理下となった上野公園の旧寛永寺本坊跡に移転することとなり、工部省のお雇い外国人技師のJ.Conder設計の新館が建てられ、1882(明治15)年3月ここに移転した。それまで1と6の日と日曜にのみ開館していたものが、移転後は毎日開館することとなった。

　博物館の所管はその後農商務省を経て1886(明治19)年に宮内省となり、それまでの勧業政策的観点からの博物館のあり方から、わが国の古文化財の

表慶館

奈良帝国博物館

京都帝国博物館

保護を主眼とする美術博物館への方向へと性格を変えて行くこととなった。そして1889（明治22）年に帝国博物館と改称するとともに、古文化財が多数伝来している京都と奈良の古社寺の古文化財の調査を博物館員が実施してきたこともあって京都と奈良にも博物館を設置することになり、寄託などの方法により当該地域の古文化財の保護をはかることとした。奈良帝国博物館は1896（明治29）年に、京都帝国博物館は1897年開館した。さらに1900年、帝室博物館と改称することによって皇室の所管であることをいっそう明らかにし、古文化財の保存と研究調査の強化をはかった。東京帝室博物館には1909（明治42）年に皇太子殿下（大正天皇）ご成婚記念事業として表慶館が建設・献納された。

（6） 文化財保護機関としての国立博物館

　第2次世界大戦後、日本国憲法の下で博物館も新たな出発をすることとなった。法隆寺の金堂の焼失も大きなきっかけとなって文化財保護法が制定され、帝室博物館は国立博物館となり一時京都市に下賜されていた京都博物館とともに後に東京、京都、奈良の3国立博物館が文化財保護委員会の附属機関として文化財保護を主眼とした活動をしていくこととなった。

　東京国立博物館は、関東大地震で倒壊したJ.Conder設計の建物に代わってつくられた本館（1938年）と表慶館のほか、1962（昭和37）年に法隆寺宝物館、1968（昭和43）年に東洋館、1982（昭和57）年に資料館、1999（平成11）年に法隆寺宝物館新館と平成館（皇太子ご成婚記念）が開館し、構内の大名屋敷門などとともに、それぞれの時代の特徴を反映した建物博物館の様相も呈している。

　国立博物館は行政改革のあおりを受けて2001（平成13）年4月　東京国立博物館、京都国立博物館、奈良国立博物館の3館を統合した独立行政法人国立博物館となり、2005年には新たに九州国立博物館が加わり、さらに2007年には文化財研究所もあわせた独立行政法人国立文化財機構となって、経済的効率を求められる厳しい状況の中に置かれてしまっている。

　1968（昭和43）年に文化財保護委員会に代わって設けられた文化庁は、わが国の高度経済成長下で生じた埋蔵文化財や民俗文化財の危機対策として、それらの保管場所をもうけることを大きな目的として、地方歴史民俗資料館の建設に対する補助金の交付を開始し、1970年から県立、市町村立を問わず、200館

国立歴史民俗博物館（同博物館要覧より）

岩手県江釣子村民俗資料館

　以上がこの補助金によって建設された。明治百年記念事業として設置が決定され、1983（昭和58）年に千葉県佐倉市に開館した国立歴史民俗博物館は、当初歴史民俗資料館の総元締めとしても構想されていたものである。初年度は県立館では九州歴史資料館、市町村立館では岩手県江釣子村民俗資料館ほか２館が建設されている。また昭和52年度に「市町村立歴史民俗資料館の設置・運営についての在り方」が、54年度には「歴史民俗資料館建設費補助要項」がだされ、これらにより事業内容の整備、充実が図られた。昭和50年代半ばには設置館数

が大きく伸長し、各地の農山村や離島などにも資料館の建設が及んだ。平成5年度を最後に国庫補助事業は廃止されて、以後は歴史民俗資料館の事業を側面から援助するためのソフト面の助成を図る施策に重点を移行していった。これまでの設置館数は、都道府県立が12館、市町村立は452館、合計464館を数える。当初歴史民俗資料館の名称で出発したもので現在は博物館の名を冠するものもいくつか見られるようになった。

　歴史民俗資料館の建設は、新たに民俗文化財の保護に携わる研究者層を創出し、民俗文化財の保護に果たした役割は特筆されるものがあったが、問題点のあったこともまた指摘されている。主なものは、初期の段階においては、既存の民家や学校等を改修し資料館として活用した例や、図書館等の公共施設との併設等によって収蔵庫等の博物館機能が不十分な例があったり、また専門職員の配置の指導が行き届かなかったことなどがあげられている(3)。

註
（1）　本節の（1）〜（4）は文化財保護委員会1960『文化財保護の歩み』によった。
（2）　辻善之助1950『日本文化史7』春秋社
（3）　文化庁『文化財保護法五十年史』2001　ぎょうせい

10　博物館とはなにか

（1）　イコムによる定義[1]

　イコム International Council of Museums（国際博物館会議）は1946年11月に成立したユネスコのもとにある非政府機関である。設立されてから、博物館の定義について何回か改正を重ね、定款などの中で発表している。

　1951年に示された定義では、非生物資料のほかに生命を持つものも博物館資料の対象であり、展示室を持つ公共図書館・公文書館についてはその部分については仲間に加えるとし、博物館の目的に「慰楽」（delectation、楽しみや喜び）が含まれることを明確にし、何よりも博物館は「公共の利益のために経営される常設機関」であることをうたった。

　1962年のイコム定款で改定された定義には、博物館の対象とする資料は、文化的または科学的に意義のある収集資料と示して資料を価値という基準で取り上げた。また同じような意味ではあろうが、"delectation" から "enjoyment" へ、"instruction" から "education" へと用語を変えている。さらに新しい仲間を規定して、生態飼育館（vivarium）、史跡、遺跡、自然景観→野外博物館・自然保護地域（natural reserves）を加え、資料がもともとの環境から切り離されることなく、資料は本来存在するところにあるべきであるという方向性も示した。

　1974年定款での定義では博物館のサービスの対象は単に public にとどまらず society and of its development（社会とその発展）にある、とした。またこれまでの定義でも示されていた要素ではあるが、博物館は non-profit making すなわち非営利の常設機関であることを明確にし、博物館の機能については acquires, conserves, researches, communicates and exhibits、をあげた。新しい教育活動の方法として communicates の語を当てたのである。またここでも新しい仲間に科学センター及びプラネタリウムを加え、これは現象科学・環境も博物館の対象であることを示したのである。

この定義以後は大きな変更はなく、たとえば2001年のイコム規約の定義では、非営利の美術展示ギャラリー・博物館の団体・公的機関・博物館の研究団体ほか、が加わり、より広く博物館の仲間を考えることとなってきた。

イコムによる定義の進化をまとめると、
　①対象が「個人や公衆」→「社会とその発展」と広く社会的になったこと
　②従来の建物博物館に加えて野外博物館・環境博物館、という形が加わったこと
　③資料は本来存在するところにあるべきであるという原則の確認
　④「現象」や「機能」も博物館の資料であること
　⑤基本的機能の再確認として、research と communicate をあげる
　⑥それらの変化の中で、ただひとつ変わらないのは non-profit making であること

ちなみにわが国の博物館法にも第23条に、「公立博物館は、入館料その他博物館資料の利用に対する対価を徴収してはならない。」と示されている。

（2）ユネスコの定義

ユネスコは、1960年第11回総会（パリ）で「博物館をあらゆる人に開放する最も有効な方法に関する勧告」を採択した。これは博物館がユネスコの機能、すなわち「大衆教育と文化の普及に清新な刺激を与え、人種・性または経済的社会的差別なしに、教育の機会均等の理想を推進せしめるため人々の間に相互理解を増進するための仕事に協力し、かつ知識を保存し、増大させ、さらに普及すること」という課題の達成に効果的に貢献しうるものであることから、国民のあらゆる階層とくに勤労階級に博物館を利用せしめるように奨励するためにあらゆる努力がはらわれるように勧告している。この勧告で示された博物館の定義は以下の通りである。

「本勧告の趣旨にかんがみ、『博物館』とは、各種方法により、文化的価値を有する一群の物品ならびに標本を維持・研究かつ充実することを特にこれらを大衆の娯楽と教育のために展示することを目的とし、全般的利益のために管理される恒久施設、即ち、美術的・歴史的・科学的及び工芸的収集、植物園、動物園ならびに水族館を意味するものとする。」

(3) イギリス・アメリカ・フランスの定義(2)

①イギリス博物館協会「博物館の倫理規定」(Code of Ethics for Museums 2002)

博物館は、人々が知的刺激や学習、楽しみを目的に、収蔵品を探求できるところである。博物館は、社会から付託された資料や標本を収集し、保護し、アクセスできるようにする施設である。

ただし、イギリスの博物館・図書館・文書館会議（MLA）が実施する博物館基準認定制度について定めた、「The Accreditation Scheme for Museums in the United kingdom Accreditation Standard」によると、以下の施設については、認定制度への申請の資格はないとしている。

・科学館・プラネタリウム、関連する恒久的なコレクションをもたない自然・考古学遺跡、産業
・歴史的建造物、文化財センター
・生物標本を展示する施設　（例）動物園、水族館、植物園
・恒久的なコレクションをもたない、一時的な展覧会の会場
・記録センター　（例）生物学、環境、考古学遺跡、旧跡
・文書保管所、図書館（音響、映像・写真記録保管所を含む）
・インターネットによってのみアクセス可能な資料を持つ施設

British Museum

②アメリカ博物館協会「博物館の倫理規定」(Code of Ethics for Museums 2000)

博物館は、世界の事物を収集、保存し、意味づけて公開することによって、公衆に対して独自の貢献をしている。歴史的に博物館は、知識を増進し、人々の精神を豊かにするために、生物、無生物にかかわらず、自然物や人類がつくりだしたあらゆるものを所蔵し利用してきた。今日の博物館が関心を持つ範囲は、人類の想像力を反映したものである。博物館の使命には、収集や保管のみならず、自館の収蔵品や借用品、製作物を用いた展示や教育活動も含まれている。博物館には、公立及び私立をあわせて、人類学や美術史、自然史の博物館、

水族館、樹木園、アートセンター、植物園、子ども博物館、史跡、ネイチャーセンター、プラネタリウム、科学館、そして動物園が含まれる。アメリカの博物館界には、収蔵品をもつ機関も、もたない機関も含まれている。各機関の使命はそれぞれ多様であるが、共通しているのは、非営利の組織であるということ、そして、公衆への奉仕に従事していることである。

アメリカ自然史博物館

　収蔵品、もしくは借用品、製作物は、調査研究や展示、公衆の参加を促すようなその他の諸活動の基本となる。

③フランス博物館に関する2002年1月4日の法律第2002-5号
　第1条　「フランス博物館」の呼称は、国、その他の公法上の法人又は非営利の私法人の法人に属する博物館に対して付与することができる。この法律において、博物館とは、複数物品から構成され、その保存及び展示が公益性を帯びる恒久的なコレクションであって、公衆の知識、教育及び娯楽を目的に組織されたものをいう。
　第2条　フランス博物館は、次に掲げることを恒久的な使命とする。
　　1）コレクションを保存し、修復し、調査し、及びその充実を図ること。
　　2）コレクションをできる限り広く公衆に公開できるようにすること。
　　3）万人に文化に触れる平等な機会を保障するための教育・普及活動を計画し、かつ実施すること。
　　4）知識及び研究の向上並びにそれらの普及に寄与す

シテ・ラ・ビレット

ること。

イギリスではイコムより狭く範囲を規定して動物園・科学館・プラネタリウム・公文書館などを含めない。

アメリカはこれらも含め、「非営利・公衆への奉仕」を重視した内容である。

フランスの博物館定義はコレクションをより重視したものである。

（4） わが国での定義

ウィーン万博参加のために設けられた博覧会事務局の事務副総裁であった佐野常民の意見書には、「博物館ノ趣旨ハ眼目ノ教ニヨリテ人ノ智巧技芸ヲ開進セシムルニ在リ……」とあり、ものによる実物教育の意義を語っている。

また博物館法（1951〈昭和26〉年12月）第2条にある博物館の定義には、「この法律において「博物館」とは、歴史、芸術、民俗、産業、自然科学等に関する資料を収集し、保管し、展示して一般公衆の利用に供し、その教養、調査研究、レクリエーション等に資するために必要な事業を行い、あわせてこれらの資料に関する調査研究をすることを目的とする機関」とある。平成20（2008）年の改正においてもこの部分はほとんど変更がない。

（5） 歴史から振り返ると

人々の周りにいろいろなものが集まりまた集められ、それらが何であるのかが調べられ、ほかの人々に見せ方も工夫されて提供されるようになった時、それが博物館の起こりである。古代の西アジアやヨーロッパの古代ギリシアの神殿、中世の教会、日本でも古代の神社仏閣には宝物、武器類、宗教用具などが奉納され、これらの資料の収納と保存という点で、またある時にはそれらの拝観も許されていたことがあることなどからして、一種の博物館的雰囲気を持つ場となっていた。のちにはそれが教会付属の博物館や神社仏閣の宝物館となっていったものがある。紀元前5世紀のアテネには、板などに書かれた絵画が飾られたピナコテーケ pinakotheke と呼ばれた部屋が設けられたことが知られており、この語がのちに美術館をさす語として用いられるようになった。ヨーロッパの中世の王侯貴族たちは自らの富の誇示のため、あるいは身の回りを飾るた

めに宝飾品や絵画や彫刻などを集め、やがてそれらはフランス革命を経てルーブル美術館などの公共の博物館となっていく。また彼らの邸宅の庭園から植物園や動物園に発展していくものもあった。大航海時代、ヨーロッパの探検家たちは彼らにとっての新大陸や未知の土地に足を踏み入れ、その土地の様々な物産、博物館資料を収集するものが現れた。彼らのコレクションは四散してしまったものも多かったが、中にはまとまって残されて博物館のもととなったものもある。オクスフォード大学のアシュモレアン博物館や大英博物館はその代表的なものである。アシュモレアン博物館は世界最初の公共博物館であり大学博物館である。このようにヨーロッパではまずコレクションがあってそれが博物館へと発展していったが、アメリカでは逆の成り立ち方をした。例えばニューヨークのメトロポリタン美術館は、アメリカの市民の間で美術館のための組織が作られ、そのもとで資料の収集が始められて今日のようなものになったのである。

わが国において、博物館の機能を断片的にでも持つものから挙げると、古代には東大寺の正倉院、社寺の宝物殿や薬園、中世以降の書院造りでの床の間、寺院での開帳や出開帳、絵馬堂、近世都市における茶屋のあるもの、などがある。近代に入って政府の勧業政策の上から開催されたり参加したりした博覧会はわが国の本格的な博物館の発達に強く関係をもった。現在の東京国立博物館は、1872（明治5）年に東京の湯島聖堂の大成殿で開かれた文部省博物局による博覧会がそのおおもとになっており、1873年のウィーンでの万国博覧会参加のために集められた資料も合わせていったものである。明治・大正・昭和前期（1945年まで）を通じ、わが国の博物館は現在の東京・奈良・京都の国立博物館、1877年成立の教育博物館の系譜の現在の国立科学博物館、神社仏閣の宝物館、個人の収集家による私立の美術館、1930年代の郷土博物館、などを中心に皇室との関係も持ちながら動いていた。1952（昭和27）年以降、国立の美術館も設立され、また高度経済成長を経て企業博物館、地方自治体による公立博物館・美術館も多く設立され、明治百年や1970年の日本万国博覧会をきっかけとしてはもっぱら研究機関であることを標榜する新しい形の国立博物館も現れた。その時々の経済・社会状況によって左右されがちではあるがわが国の博物館はその期待される役割も大きくなり、数・質・量ともに発展し続けているといってよいだろう。

表10　博物館数と入館者数　　　　　　　　　　　　　　　（入館者数単位：千人）

	博物館等数（平成17年度）			入館者数（平成16年度間）		
	登録博物館	博物館相当施設	博物館類似施設	登録博物館	博物館相当施設	博物館類似施設
総合博物館	132	24	262	6,875	3,231	8,314
科学博物館	69	39	366	8,795	3,863	18,002
歴史博物館	296	109	2,795	11,776	5,325	61,322
美術博物館	349	74	664	25,023	8,449	23,484
野外博物館	8	5	93	1,081	1,606	3,934
動物園	1	31	63	712	17,485	14,716
植物園	1	11	121	9	2,173	12,632
動植物園	0	9	16	0	4,300	2,347
水族館	9	29	38	1,215	15,936	10,077
計	865	331	4,418	55,486	62,368	154,828

出典：平成17年度文部科学省社会教育調査報告書(3)

　博物館とは、有形無形を問わず、人間の生活及び環境に関する資料やその情報を収集し、保存し、資料や博物館に関する調査研究をおこない、展示や教育活動によってその成果を示すとともに、人々に学びの場や楽しみの場を提供する非営利の常設の機関である、と定義できる。したがって人文・社会科学系の歴史博物館や美術館、自然科学系の自然史博物館・理工学博物館や産業博物館、さらに生物を扱う動物園、植物園・水族館などをも網羅するものである。現代の博物館は上記の機能をすべて満たしたものであるが、博物館の機能の進化に伴い、資料の収集や保存、研究といった基本的な役割に加えてとくにその教育機能について注目されるようになり、ユネスコの「博物館をあらゆる人に開放する最も有効な方法に関する勧告」（1960年第11回総会で採択）や、「博物館は公共サービスの機関であり、その中核に「教育」をおく」とするイギリス文化遺産省の1997年の報告書『共通の富〜博物館と学習』に見られるように、その点での博物館への期待が大きくなってきた。わが国においても「生涯学習の地域における中核的な拠点」（生涯学習審議会社会教育分科審議会報告『社会教育主事、学芸員及び司書の養成研修等の改善方策について』1996年）と位置づけられ、また「多様化、高度化する学習者の知的欲求に応えるべく、自主的な研究グループやボランティア活動などを通じて、学習者とのコミュニケーションを活性化していく」(4)存在としてその充実した活動の展開が要求されている。

註
（1） 鶴田総一郎 「博物館定義の変遷」（『博物館研究』10-5, 1975）をまとめた。
（2） 『新しい時代の博物館制度のあり方について』2007年6月これからの博物館の在り方に関する検討協力者会議報告書　資料より
（3） 平成20年度社会教育調査によると、下表のとおり。

	博物館等数		入館者数　平成19年度間	
	登録・相当施設	類似施設	登録・相当施設	類似施設
総合博物館	149	280	8,500	8,568
科学博物館	105	380	13,816	21,269
歴史博物館	433	2,892	19,770	57,429
美術博物館	449	652	33,029	24,227
野外博物館	18	88	2,894	3,979
動物園	29	58	18,359	15,105
植物園	11	122	1,778	13,622
動植物園	10	19	5,383	2,271
水族館	41	37	20,441	9,241
計	1,245	4,528	123,970	155,711

入館者数単位：千人

（4） 『新しい時代の博物館制度のあり方について』2007年6月これからの博物館の在り方に関する検討協力者会議報告書

2　学芸員の制度をめぐって

1　学芸員をめぐる課題
　　　　──解決への方策を探りながら──

（1）　学芸員をめぐる現状の認識

　筆者は博物館の学芸員としての現場の体験はないので、学芸員の問題には制度面から係わることとする。

　あらためて見るまでもないとは思うが、学芸員というのは一体何なのかということを確認しておく。戦前の状況については承知していないが、1951（昭和26）年に制定された博物館法の中で「学芸員」という言葉が登場する。博物館法の第4条で「博物館に専門的職員として学芸員を置く」さらに「学芸員は、博物館資料の収集、保管、展示、及び調査研究その他これと関連する事業についての専門的事項をつかさどる」。また第12条で博物館を登録するうえでの要件として博物館資料、建物及び土地、年間150日以上開館することと並んで「学芸員その他の職員を有すること」とある。ここまでの問題点としてこのように「専門的」という「的」があるために専門職として確実なものとならない原因の一つがあることはかねてから指摘されているところである。

　学芸員はキュレーターだ、とかキュレーターのことを日本では学芸員という、などという誤った対照がしばしばされるが、確かに学芸員のなかにはキュレーターといってもおかしくない人もあろうが、一般化することはできない。名古屋市博物館で1995年9月9日から10月15日まで開かれた『新博物館態勢』の特別展に展示された木場一夫氏の蔵書の中に含まれていたパンフレットのなかの博物館法の英訳には、学芸員を「アート　オフィシャル」と記していることが紹介されている[1]。

　こうした学芸員像を踏まえて、筆者なりに感じている学芸員制度の問題点を以下に4点上げてみた。ここに上げた問題点自体はこうした話題のときにはいつも出てくることで、特に新しいことでもないだろう。ただ、あとでいつも出てくるこうした問題点についてなんとか解決の方向をみつけていこうとこころみたい。

①「学芸員」という名称が博物館以外でも使用されていること。つまり学芸員が博物館の専門的職員としてだけ位置づけられてはいないということ。
②学芸員の待遇面。専門職として確立できていないこと。
③博物館および学芸員への期待が大きいにもかかわらず、常に人手不足が言われていること。
④学芸員養成上の問題。有能な学芸員を養成していないこと。また資格を取っても生かせないこと。

　これらは全く別々の問題ではなく、おたがいに関連のあるものである。①について、筆者自身も経験したことだが、教育委員会での職名に学芸員が使われている。明治大学におられた倉田公裕氏は、日本学術会議での学芸員問題に関するヒアリングの場で、「役所の文化課でも学芸員というのを置いているのです。ひどいのは、銀座の画廊で学芸員という名称を使っている。学芸員は博物館の専門的職員なのですからおかしいです。」と怒っておられる(2)。学芸員になることのできる資格をもった人がそれを活用するのは結構であるが、博物館と関係のないところで同じ名称を使うのは混乱のもとではないか。最近は文化ホールなどのプロデューサー的な仕事をする人にも学芸員という職名を使っているところもふえていて、博物館以外のところでも学芸員の資格は使えるから、という理由で学芸員資格取得をすすめているところもあるようである。もっとも本来大学などの職名である教授とか助教授というのも、大学以外のところで文部省が率先して使うようになってきているから、細かいところで文句を言うな、学芸員の資格を生かせる場が広がるのならそれでいいではないか、といわれるかもしれない。

　つぎに②の学芸員の待遇面。専門職として確立できていないこと、は、学芸員として採用されても定年までその職に留まることができるような体制が一般的にはできていない、人事異動の可能性をもつことと関連する。人事管理の面からは一か所に同じ人間を留めておくことはできない、むしろほかの部署を回ってきたほうが学芸員としても仕事にも幅ができる、というような説明がよくされるところである。その点は全く否定するつもりはないが、学芸員が「専門的職員」でなしに「専門職」であるというように規定されれば、全く別の職

に移動することはあまり考えられないのではないだろうか。学校の教員は教員として採用されればほとんどが定年をむかえるまで教員を続けているはずである。地域と博物館の関係が強調されたり、学芸員の専門性の確立、を説く一方で、学芸員が専門職としての給与体系のなかに位置付けられないで、学芸員として勤め続けられない可能性を強く持たせたままなのはどうかと思う。この点については筆者の提案をあとで示したい。

また博物館という職場内でも、例えば研究活動として机の前にすわって本を開いていても仕事をしているとは見なされない、という発言があったり、また外側のこととしては博物館で良い企画展をしたり、また執筆した展覧会の図録などが学問的な業績としては認められないことがある(3)こと、など、内も外も学芸員の仕事に対する理解というのがまだまだ足りない。

③にあげた人手不足を取り上げよう。今日推進されている生涯学習社会の構築、という観点から、博物館の役割、言い換えると学芸員への期待というのはとても大きいものがある。

たとえば、1990（平成2）年6月の社会教育審議会（現在は生涯学習審議会）・社会教育施設分科会での「博物館の整備・運営のあり方について」の答申では、博物館をめぐる社会状況の変化のなかで、博物館に課せられた課題は多様化、高度化し、何よりも「生涯学習を振興するための重要な社会教育施設として機能していくこと」という認識のもとに、「利用者に『親しまれる』『開かれた』博物館としていっそう発展する」ための博物館の在り方をまとめている。この答申は大きく「博物館活動の活発化」「博物館活動の振興のための基盤の整備」「まとめ」から成るが、博物館活動の活発化では、まず、「教育普及活動の多様化と充実」をうたい、具体的な活動として、従来からも行われてきたそれぞれの博物館の資料や特色を生かした講座や教室などに加えて、歴史探訪、自然観察会などの野外での活動や映画会、コンサート、親子で一緒に参加できる事業、高齢者が気軽に参加できる企画、また他の生涯学習関連施設などとの連携・協力、活発な活動を支える多彩な人材の確保という観点から教育ボランティアの導入とその養成、継続的な利用を促進するための方法としての友の会組織の充実などを提言している。次いで、「資料の充実と展示の開発」では教育的価値の高い資料の整備の重要性、生涯学習を支援する観点から模型や複製の活用を

はかること、コンピュータ・ビデオ等各種メディアの積極的な活用、体の不自由な人たちの利用の促進のための点字解説や触れる展示などの工夫を望んでいる。次いで「研究活動の充実」、「学校教育との関係の緊密化」を指摘し、博物館活動の振興のための基盤の整備としては、「博物館施設の整備・充実」、「情報ネットワークの形成」、「職員資質の向上」、「運営基盤の充実等」、が上げられ、「博物館自体においても、生涯学習時代におけるその役割の重要性を認識し、絶えず事業の成果を評価し、博物館活動の活発化にむけて積極的に努力されることが期待される。」と結ばれている。

また内閣総理大臣の諮問機関である科学技術会議では「科学技術系人材の確保に関する基本指針について」の諮問に対する答申を1994（平成6）年12月12日にまとめた。いわゆる理工系離れに対する危機感から考えられたものであるが、「科学技術が身近に感じられるような社会環境の構築」をするための方策として、「学校教育における創造的探究心の育成」と並んで「科学技術を身近にとらえ考えるための多様な機会の提供」のために3番目に「魅力ある博物館等の整備・充実」を上げ、ここでは博物館を「創造性の芽を育むゆりかご」としたうえで、「科学技術立国にふさわしい魅力ある博物館等の整備・充実」「博物館における職員の確保とその資質の向上、ボランティア活動の支援」「博物館のネットワークの構築や、博物館等と政府や地方公共団体、大学、民間企業など関連機関との連携、協力」をうたっている。同時に出された文部省の学術国際局長からの通知では「魅力ある博物館等の整備・充実」は一番最初に掲げられていて、先に触れた社会教育審議会の中間報告に見られるような新しい博物館の姿に期待するところが大きい。

このように期待の大きい博物館の学芸員について、研修の機会を提供するとか、資質の向上に努めるというような言葉がならんでいて、現に博物館で仕事をしている学芸員への配慮はみられるのだが、肝心の学芸員の忙しさ、その最大の原因であるところの学芸員の適正な配置がされていないことについては特に触れることはない。また日本学術会議でも「学芸員問題について」いうヒアリングを何回かしていてその内容は「月刊歴史手帖」第18巻9号（1990）・第20巻11号（1992）に見られるが、やはり現職の学芸員のおかれている状況について論じている。研修に参加して自らの資質の向上を図ろうとしてもわずかし

か職員がいない中で、一人が職場から欠けることがその職場にどのくらいの負担増を強いるのかが明らかな中で、簡単に一定期間の研修に参加することができる状況には必ずしもないのが現状ではないか。

日本民俗学会は1995年の10月の第47回大会で議決した要望書を文部大臣にあてて出しているが、そのなかで第一番目に「全国の博物館に専任学芸員が適切に配置されること、とくに『公立博物館の設置及び運営に関する基準』に基づいた学芸員配置」をあげている。要望事項はそのほか学芸員の研修や待遇の改善、専門分野の明示、などがある。

学芸員の配置の現状を見ておこう（表11）。

ここで言う登録施設とか相当施設とか類似施設、という区分は統計上、また制度上の問題であって、「博物館」というものを見る一般の人達の目からはなにも変わるところはないはずである。東京国立博物館がここで言う類似施設であるからといって(4)あれを博物館ではないと言う人はほとんどいないであろうから。

表11 平成5年度社会教育調査による1館あたりの学芸員数

・法の基準による種別から

	館数	人数*	1館あたり人数	同平成2	同昭和62
登録施設	619	1,879 (2,195)	3.04 (3.54)	2.88	2.79
相当施設	242	463 (600)	1.91 (2.48)	2.05	2.29
類似施設	2,843	1,041 (1,515)	0.37 (0.53)	0.36	0.31
合計	3,704	3,383 (4,310)	0.91 (1.16)	0.97	1.05

＊人数は学芸員＋学芸員補　（　）内は専任・兼任・非常勤を含めたとき

・設置者別の学芸員数

		館数	人数*	1館あたり人数	同平成2	同昭和62
登録相当施設	国立	28	39 (54)	1.39 (1.93)	4.79	4.61
	公立	423	1,443 (1,636)	3.41 (3.87)	2.99	3.08
	私立	410	860 (1,108)	2.09 (2.70)	2.01	2.03
類似施設	国立	41	37 (41)	0.90 (0.52)	1.35	8.13
	公立	2,094	764 (1,097)	0.36 (0.52)	0.33	0.29
	私立	709	240 (377)	0.34 (0.53)	0.36	0.26

『昭和62年度社会教育調査』『平成2年度社会教育調査』『平成5年度社会教育調査』による

全体としてみたときにはいわゆる博物館には専門的職員は1人いるかいないか、というところである。社会教育調査による統計で手元にある過去2回と比較する数字も上げておいたが、段々悪化していることが分かる。しかしその一方で、登録施設では学芸員の数は段々ふえてきているのである。こうしたことを見ると、学芸員の配置の問題は正に博物館法の問題であることがより一層鮮明になる。登録、というしばりがあるところは十分ではないにせよ少しずつ増えている。しかし全体として人手不足は一層ひどくなっている。登録施設の3人程度というのが十分な数とはとうてい言えないけれど、なお一層ひどい状況なのが類似施設で、名前だけは博物館と名のりながら学芸員などほとんど配置されていないという状況で、3館に1館しか、しかもその1館に1人だけしか配置されていないという状況を示す数字である。どうも学芸員の資質向上を図る、ということを言う前に、博物館を博物館としてきちんとして取り扱うようにすること、それが先決のようである。結局は博物館法の問題で、博物館として名乗るならば登録しなければならないとか強制力を持たせないと解決しないと思う。博物館という名のものだけではなく、「博物館と同様な活動をしようとするものは教育委員会または文部省に届け出、審査を受けるものとする」というくらいのきついものにしなければ効果的ではない。もっと文部省は強く指導してもらいたいものである。文部省で言えば、博物館建設の際の補助金だけでなく、学芸員確保のための補助金も考えては如何だろうか。学校の教職員に対しては一定の補助金が出ているのだから不可能ではないはずである。この教員との関係についてはまたあとでふれることとしよう。

次に④にあげた学芸員養成上の問題についてであるが、現に大学での学芸員養成課程を担当している立場からすると、「有能な学芸員を養成していない」などといってしまうと、「極楽とんぼ」みたいなやつだ、といわれてしまいそうだが、大学の学部を卒業させて、学芸員となることのできるための科目をわずか10単位分を課して、どうやって一人前として仕事のできる専門家を作ることができるのだろうか。人学にしても博物館の専門家を作っていくために指導する教官を複数おいている大学がいくつあるだろうか。筆者の所属する大学も含めて専任の教員がひとりいればまだマシな方だ。しかしその一人すら、自覚をもって学芸員養成に携わっているといえる大学人はどれくらいいるのか疑問

を感ずることがある。学芸員養成課程は18才入口の減少を控えた大学のセールスポイントとして設けられているといった側面はないだろうか。入学時のガイダンスで、教職については取ってもあまり採用されないという現実が説明されたけれど、学芸員についてはただ資格が取れますよ、という説明しかなかった、と話してくれたある大学の学生がいた。大学等で学芸員の資格をとっても実際にその資格を生かして就職できたのは2％程だった、という調べもある。大学で資格を取ったのは、平成3年度には6,346名もいた、という調査結果もある。先程の表のなかで、1993（平成5）年10月1日現在で、類似施設や学芸員補を含めても学芸員職に携わっている人は3,383名であるのに。

　ある程度の学問分野での専門性をもち、なおかつ博物館についても一定の訓練も経て、就職したらすぐに学芸員として通用できるようにするにはやはり学部段階ではなく、大学院でのコースを考えるほうが妥当ではないだろうか。

（2）　問題点の打開にむけて

　さて、今まで学芸員問題をうんぬんするときに、たいてい以上のような問題点の指摘とこうなってほしいというような理想を述べていただけ、といった面はなかっただろうか。ここでも同じ轍を踏まないように、いくらかでも解決につながるような実現可能と思えるような方策を提案してみたい。

　その一つは博物館法の改正で、これは大変な作業ではあっても、文部省がその気になればできるはずである。いや本当は文部省ではなく、博物館の統括的な団体や博物館学の学会や研究会などで積極的に提案して動かしていくべきかもしれない。とりあえずは先程紹介した日本民俗学会のように学会で決議したり検討し試案を提示するような活動を繰り返して、世論の方向が法の改正にあることを文部省にたいして積極的に働きかけていくことから始められるはずだ。筆者の主張する改正点のポイントは先程述べたように、博物館のしばりをきつくすることである。今でも登録施設と類似施設では学芸員の配置状況はひどく格差があるのだから、とりあえず類似施設をなくしていくようにすれば大分変わるはずだ。

　もう一つ、こちらのほうを強く提案したいのだが、公立の博物館の学芸員を学校の先生と同じ様に取り扱うことはどうだろうか。そのことのメリットのひ

とつは給与のことで、国からの補助金のこと、そして専門職としての俸給表による扱いを受けることができること。また採用のとき、そして人事異動のとき、また人数の確保ということでもこうすることのメリットはある。具体的な構図をみてみる。まず、ある県のある町（仮にA町としよう）の博物館に6人の学芸員を配置することになったとする。この学芸員は県の職員として採用され、一定の期間を経て、同じ県内の博物館への異動をする。しかし、彼の本拠は最初に採用されたA町の博物館で、ここを本拠として、時々他の博物館や学校に転勤する、ということをする。この県の学芸員には教員と同じ様な職制があるから、異動したり本拠地に戻ったりして、学芸員生活の大部分は本拠地のA町の博物館でおくるわけだが、上級の学芸員とか副館長を経て館長職までたどりつく。図書館の館長は司書でなければならない部分があるし、学校の校長先生もほとんどは教員として勤めてきた人たちだ。学芸員の専門性を確立するには館長までの道筋を付ける必要があるのではないだろうか。これまで、昇進させるために異動が必要だ、とか、職員数が少ないから他の施設とか部署へ異動するのは仕方ないことだ、とか言われていたが、それなら学芸員全体のパイを大きくするとか異動できる範囲を大きく取れば良いはずだ。今までネックとなっていた人件費については先程述べたように、国からの補助金を考えること(5)。学校はたとえ町立や市立であってもそこに勤める先生は県単位で採用されているし、その県の枠内で異動しているのだから、これと同じような方策をとり、そして一部学芸員の特殊性、地域との関わりを重視することを加味すればいいのだ。いかがだろうか。

　　　1995年11月29日の第26回文化環境研究会で、「これからの学芸員制度と博物館」と題する話題提供を行い、その内容の一部に加筆した。

註
（1）　犬塚康博「学芸員は〈キュレーター〉ではなかった！！」
　　『名古屋市博物館だより』106　1995年10月
（2）　倉田公裕「日本の博物館における学芸員の諸問題について」『月刊歴史手帖』
　　第20巻11号　1992年11月
（3）　網野善彦　宮田登　塚本学「研究機関としての博物館」『列島の文化史8』
　　1992年9月

（4）　1990（平成2）年と93年の統計には東京国立博物館の数字は入っていないようである。この組織に所属する学芸員に相当するであろう研究職の人数だけで、50人を越えているのであるから。

（5）　1995（平成7）年度の国の文教予算のうち、51.2％、2兆8,883億円が「義務養護教育費国庫負担金」で、主として教員の給与の半額の負担にあてられている。ここにさらに学芸員の分を加えるのは無理であろうか。

2 「博物館情報論」と「博物館経営論」

はじめに

博物館とは何なのか、という問に対して、筆者は、博物館は教育の場である、という答をまず用意したい。資料の収集も資料の保存も、様々な研究活動も、博物館で行なわれる教育活動のためにあるのだ、と主張したい。そういう前提にたって「博物館情報論」と「博物館経営論」を考えてみた。

(1) 「博物館情報論」

教育活動といっても、博物館でのそれが、学校や図書館などの他の社会教育施設での教育活動と異なるところは、モノ、資料があって、モノを通じての教育活動が展開されることにある。モノ、つまり博物館資料には限定はなく、われわれの回りにあるすべてがそうなりうるものであるが、具体的な形や大きさをもつものはもちろん、肉眼では見えないものも、また形を持たない様々な現象も、環境も博物館資料となりうる。博物館の対象とする資料は大きな広がりを持つのである。これらのモノは、一つ一つがただそれだけでポツンと存在するわけではあるまい。例えば、身近にある椅子や机などをとってみても、それらはその時間にそこに存在した、それまでそこにあり続けた、という歴史を持っているし、また材質は木である、釘を使ってとめられている、何枚かの合板でできている、など様々な性質や機能を持っている。これは卑近すぎる例ではあろうけれど、モノにはその中にいろいろな情報がつめこまれているのである。

博物館にモノが収集され保存されている、ということは言い換えると博物館にはモノを通じての情報もまた同時に収集され保管されていることになる。国立民族学博物館の初代館長の梅棹忠夫は、「博物館があつめるのはものだけではありません。ものにまつわる、あるいはものには直接関係のない、様々な情報こそは博物館のもっとも重要な収集の対象であります。その意味では、博物館の『物』という字は誤解を招きやすいので、むしろ、博情報館、あるいは縮

めて博情館といった方がいいのではないかという意見もある」と述べ、博物館は情報機関であり、「広く情報を収集し蓄積し創造し、伝達する」機関であって、博物館の仕事は「膨大な情報の中から最新の、正確な知識を市民に提供する」ことだ、と述べている(1)。「博情館」というネーミングについてはとうてい賛同できるものではないけれど、資料をさまざまな情報がつめこまれたもの、としてみると、資料の利用方法もまた別の考え方で作り上げることができるのかもしれない。ただ見せる、展示する、というのではなく、また理解させよう、とか感動させる、という考え方によるのでもなく、展示した資料の持つ情報をもっともよく引き出して伝えられるような見せ方、並べ方、解決の仕方を工夫すること、もっともこれは展示室ではあたりまえのことであるが、そのことをもう一度確認しておきたい。

　博物館が情報の発信源である、というような言い方・見方をすると、最近はすぐにインターネットとかコンピュータとかに話が向いてしまいがちであるが、それもさることながら、何と言ってもモノそのものが最大の情報の発信源であり、しかもそのモノが並べられている展示室が博物館の生命源であるといえるのだから、博物館にとって肝心な最大の情報の発信源はまず展示室であることを強調しておきたい。

　モノ一つ一つを、単なる資料ではなく、その中に様々な情報を持った資料である、またモノそのものが情報である、と見る考え方をとり、そしてその情報を伝えるためにどのように博物館を動かすかを考えるのが「博物館情報論」という科目の内容であるのだろう。

(2) 「博物館経営論」

　国際化社会、情報化社会、そして高齢化社会の到来など、またそれらを踏まえた生涯学習社会の構築を目指す動向など、博物館をめぐる社会の変化や、それに対応して博物館自体に期待される役割が変化してきたことはすでに触れられてきたところである。また、行政全般の効率化をはかる動きの中でも、国立博物館が「エージェンシー」化の対象として考えられたことにも示されたように、博物館もまたその例外ではない。博物館がこうした社会の変化や求めに対してどう応じていくのかは、極めて今日的でかつ差し迫った問題である。

博物館はもはやただメニューを用意して利用されるのを待っているだけではすまなくなってきた。「地域における生涯学習推進のための中核的な拠点」(2)と目されるその立場からしても、利用される環境を整えるだけではなく、市民に対して、博物館へ積極的に足を運ぼうという気持ちを起こさせるような工夫と働きかけが必要になってきている。こうした工夫や働きかけを考える時に、ミュージアム・マネジメントの必要性が言われるようになり、また学芸員養成の科目に1997年度から「博物館経営論」が新たに起こされて、その中で扱うべき内容としてミュージアム・マネジメントがあげられている。この「博物館経営論」という科目は、「博物館経営及び博物館における教育普及活動について理解を図る」という狙いのもとに、具体的な内容としてミュージアム・マネジメントのほか、「博物館の行財政制度」「博物館の職員及び施設・設備」そして「博物館における教育普及活動の意義と方法」があげられている。

　博物館の教育活動が、「博物館経営論」のなかで扱われることについては異論も含め意見があった。また実際に授業を展開していく中で、経営論に費やされる1単位分の時間の枠の中では、大半が教育活動にあてられてしまうであろうし、実際今年度この講義をしてみてもそうなった。上にも述べたように、博物館の教育機能が現代における役割として重要なものとして意識されるようになった今、そして博物館の側からは博物館教育が博物館の利用度を高めるうえでも重要な意味をもつ今、博物館活動のいろいろな側面を効率的にとらえ直し、マネジメントの観点から見直すのも一定の意味を持つものといえるだろう。たとえば、博物館活動の源泉でもある展示室についても、資料を展示する側からだけでなく、展示を見る利用者の立場から検討してみること、もっと具体的に言うならば解説の文字や内容、いや展示資料そのものの選択、配列の段階からもマネジメントの観点は有効だろう。例えば、展示室で音を聞かせる時、その音が聞きたい人だけに聞こえる工夫は当然としても、受話器をとった人の耳に刺さるようなトーンの、音の高い強い音を出しては不快なだけである。聞かせる立場からの装置だからこういうことが起こるのではないだろうか。

　展示室がよりよいものになっても、また利用者、市民にとって好ましい活動が実現していても、今度はそのことが市民に知られていなければ意味がない。そのためには広報活動の充実が必要である。

広報と展示を含めたよりよい活動の実現によって利用者が博物館に足を運ぶようになったら、その利用者たちの実際の利用の仕方が想定していたものと合致するのかしないのかなどについての調査が必要になるし、また利用者たちの生の声を集めてさらに展示や活動の質を高めるという絶え間ない調査研究が必要となる。

博物館が利用者にとって快適な場となるためには、ロビー、エントランスホール、レストランやミュージアムショップも含めた館内の施設・設備も、充実と利用しやすさからの点検と見直しが必要である。身障者用のトイレの設置はもとより、赤ちゃん用のベッドが用意されたトイレも増えてきている。それも男性用トイレの中にも、という具合である。

結局「ミュージアム・マネジメント」とは、博物館のあり方や活動を、上に見てきたようなよりよい運営、経営という立場からみていくときの立場である、としたい。大堀哲が「ミュージアム・マネジメントの考え方は、博物館と利用者の関係性に着目し、博物館の運営を経営の視点、経営感覚をもってとらえ直すものといえる」と述べている[3]ように、ミュージアム・マネジメントという手法があるというよりは、マネジメントという観点から博物館のさまざまをみて考えたらどうなるか、という博物館運営についての考え方であるととらえられる。決して「経営」という言葉から連想される、効率本位の運営の仕方を言うものではあるまい。

その意味で、情報論も経営論も従来とは少し違う角度から博物館の活動を考えることにほかならないし、従来の博物館学とは違った全く新しいことをその中で考察するものではあるまい。

(3) 「博物館活動特殊講義」での講義内容

1997年度から、学芸員資格取得のための「博物館学」は、「博物館概論」「博物館経営論」「博物館資料論」「博物館情報論」と分けられて、全体で6単位分の時間の中で扱うこととなった[4]。お茶の水女子大学では、「博物館経営論」と「博物館情報論」を合わせた科目として「博物館活動特殊講義」を設定し、2単位分の講義科目とした。ここでは今年度の「博物館活動特殊講義」の目次（シラバス）を紹介しよう。

Ⅰ．博物館の教育活動
　１．博物館教育の意義と理念
　　（１）　博物館教育の意義
　　（２）　博物館教育活動の理念
　　（３）　教育活動担当者の配置の必要性
　２．一般教育活動
　　（１）　館内活動
　　　①展示室における教育活動
　　　　　ａ．案内人・解説者　　ｂ．解説機器
　　　　　ｃ．解説書やガイドブックの作成と頒布
　　　②講座・教室などの集会活動
　　　　　ａ．展示資料に関する研究会・講演会
　　　　　ｂ．各種講座・講習会・実技教室　　ｃ．その他の集会活動
　　　③情報提供と施設の活用
　　　　　ａ．学術教育情報資料提供センターとして
　　　　　ｂ．図書室・研究室・学習室の開放　　ｃ．出版活動
　　（２）　館外活動
　　　①集会活動　　②調査活動　　③地域活動
　　（３）　団体の育成と関連機関との連係
　　　①友の会の育成と活動　　　②ボランティアの育成と活用
　　　③他機関との連係・協力
　　　　　ａ．学校との連係・協力　　ｂ．博物館同士の連係・協力
Ⅱ．博物館における情報
　１．博物館における情報の意義
　２．博物館における情報の提供と活用
　　（１）　情報の種類
　　　①一般利用者、市民向けの情報　　②研究者・研究機関に向けた情報
　　　③職員向け（館内向け）の情報
　　（２）　情報の提供
　　　①情報の提供手段　　②情報提供、活用に際しての留意事項

　　　　（3）　データベースの構築
　　　　（4）　情報システムの実際
　　　　　　①神奈川県立歴史博物館の情報システム
　　　　　　⑤インターネットによる情報検索
　　3．情報機器について
Ⅲ．博物館の経営
　　1．博物館の行政
　　2．博物館の組織と運営
　　　　（1）　博物館の機構・組織
　　　　（2）　博物館の職員
　　　　　　①館長　　②学芸員　　③事務職員　　④職員の研修
　　3．博物館の財政
　　　　（1）　予算と財源
　　　　（2）　ミュージアムショップ
　　　　（3）　ミュージアム・マネジメントの考え方
　　4．博物館の協力団体・組織
Ⅳ．博物館の建築
　　1．建築の基本構想
　　　　（1）　理念の確立
　　　　（2）　基本構想の策定から設立準備室へ
　　　　（3）　敷地・用地の選定
　　　　（4）　基本計画から実施設計へ
　　2．機能と建築
　　　　（1）　建築設計の原則
　　　　（2）　機能と各室の配分
　　　　（3）　動線計画
　　　　（4）　内部の設備
　　　　　　①資料の動きと設備　　②教育活動の施設
　　　　　　③調査・研究部門（学芸部門）　　④管理部門その他

なお補完の必要のある部分もあると思う。しかしこうして講義のための資料を作成してみると、「博物館学」全体で6単位分の時間配分となっても、なお時間の足りないことを痛感する。半期2単位分の授業時間が確保できることはまずないし、講義内容からも教育活動を含む「経営論」は少なくとも倍増しなければ十分に展開しにくい。スライドやビデオなどを利用した授業を試みようとしたがまったく時間が足りない。やはり全部で8単位分くらいはなければ博物館法施行規則の求める学芸員養成科目のねらいと内容は満足できまい(5)。

註
（1）　梅棹忠夫　1987「メディアとしての博物館」
（2）　生涯学習審議会社会教育分科審議会　1996年4月「社会教育主事、学芸員および司書の養成、研修等の改善方策について（報告）」
（3）　大堀　哲編著　1997『博物館学教程』
（4）　文部省生涯学習局長通知　1996年9月13日「博物館法施行規則の一部改正について」
（5）　「博物館概論」は「博物館学概論」、「博物館資料論」については、「博物館資料特殊講義」として別に開講している。

3　日本学術会議の二つの報告を読んで

はじめに

　2003年6月24日付で、日本学術会議に学芸員養成に関係する2つの報告がされた。一つは学術基盤情報常置委員会による「学術資料の管理・保存・活用体制の確立および専門職員の確保とその養成制度の整備について」であり、もう一つは動物科学研究連絡委員会・植物科学研究連絡委員会の「自然史系・生物系博物館における教育・研究の高度化について」である。この二つの報告の内容を見ながら大学における今後の学芸員養成の方向性を模索してみたい。

　またこれまで日本学術会議では1990年と1992年の2回、考古学研究連絡委員会と文化人類学・民俗学研究連絡委員会が合同での「学芸員問題」についてのヒアリングが開催され、その様子は月刊歴史手帖誌上に紹介されている(1)。文化人類学・民俗学研究連絡委員会では2002年10月に、「博物館・資料館において調査・研究・教育活動に携わる研究者の研究環境整備に向けての実態調査の結果について」の報告で、19の学会・協会に所属する「博物館・資料館において調査・研究・教育活動に携わっている会員」1,334人のうち、文部科学省により研究機関と認定されている博物館・資料館に勤務するものは「わずか197人（14.8%）にすぎ」ない、と報告している(2)。

（1）　二つの報告の内容

①学術基盤情報常置委員会「学術資料の管理・保存・活用体制の確立および
　専門職員の確保とその養成制度の整備について」（以下、常置委員会報告）

　この報告は学芸員に関してだけではなく、公文書館・図書館の専門職員と合わせて論じており、

　　1　公文書館法の附則2項の暫定措置（専門職員についての特例）を廃止し、
　　　公文書館法立法の主旨に則り公文書館に専門職員を配置する。
　　　その法改正のために、内閣府に検討のための懇談会を設置する。

2　図書館・博物館の高度化に対応した専門職員の養成・研修制度の充実を図る必要がある。それに合わせて、公文書館の専門職員の養成・研修制度を早急に確立するために、大学および大学院に養成・研修課程を設け、資格制度を樹立する。大学院課程の教育を視野に入れつつ、これらの新たな資格制度の早急な検討をするために文部科学省に懇談会を設置する。

ことを提言したものであるが、本節では学芸員に関する部分のみ検討する。

　この報告の「はじめに」の項で、「社会が博物館などに求めているものは博物館法施行当時に比べるとはるかに多様化・高度化しており、それに対応した制度に早急に改められるべきである。現代的な博物館像に相応しいものにするために博物館法の刷新を含む抜本的な制度改革が必要になっている。」との認識を示し、「地方自治体における公文書館・博物館・資料館・公民館」の項では文化施設である公文書館・博物館・資料館・公民館等が地域おこしの文化的な核となるべき存在であるためにも、「様々な分野についての学識も深い専門職員が確保」されることを求めている。博物館の専門職員である学芸員について、「博物館には学芸員を置くことが義務づけられ、その養成課程も定着してきているが、現在の博物館に求められている課題に応えるためには、より多様な専門職員を配置することが必要である。」とした上で、欧米の博物館などのように学芸員とは別に「資料の管理・活用を専門にする registrar、conservator などと呼ばれる職員、展示の説明などを行う museum educator、lecturer とされる職員を専門職員として学芸員(curator)とは別に配置する事が必要である。」と多様な専門職の一部を欧米の例を借りて具体的にあげた。現在の博物館法における学芸員に求められている役割を別の専門職として独立させ、役割の分化を図ろうとする提案である。「博物館の刷新と職員の役割分化」の項でもこのことは表現を変えて主張され、「人々の学習を援ける職員」、「学習の基礎となる史資料・標本資料を管理・活用できる職員」、「展示をはじめとする諸活動を企画・立案・実施する職員」をおいてそれぞれの職員が、高度の専門性をもったものとするための「養成のための制度および専門職員の研修制度の確立を、大学院教育の中に位置づけることにも配慮しつつ確立していくこと」を求める。

　学芸員養成のカリキュラムは、1996年4月の生涯学習審議会社会教育分科審

議会の報告を受けて平成9年度から改定されたが、現代の博物館に求められている課題を果たすには「これでもまだ不十分である」と断定され、「専門職員の役割分化に対応した養成カリキュラムに再構成する必要がある。それぞれの役割に応じたスペシャリストの養成をめざしたカリキュラムにすること」そして「それに対応した新たな資格制度を導入し」、「学芸員制度に変わる諸事項を抜本的に改善することが緊急の課題である」と述べる。

公文書館の専門職員とともに「各々の専門分野ごとに専門職固有の組織とでも呼ぶようなものを作り、自治体の垣根を越え専門職ごとに流動枠を作ることによって、専門職員の流動性を高めていく」ことも提案された。そして「専門職員に対する十分な資格付与と養成制度の確立、その適切な配置とそれに見合った待遇」を求めて先に挙げたような提言をまとめたものである。

②動物科学研究連絡委員会・植物科学研究連絡委員会の「自然史系・生物系博物館における教育・研究の高度化について」(以下、研連報告)

本報告は、特に「自然史系博物館、生物園・館を中心対象に据える」が「幅広く博物館と称する組織全体に直接関わる議論である」との前提を示して、

　1）学芸員制度の整備
　2）博物館に対する科学研究費補助金の改革
　3）博物館職員に対する再教育制度の確立

についての提案を行ったものである。

博物館法の理念を実現するために自然史系博物館を例として特に重要な6つの要件をあげてこれらが実現できるかどうかは「学芸員の活動にかかっている。つまり博物館の高度化は学芸員の活動を高度化できるかどうかにかかっている」として博物館の問題は学芸員の問題であるという認識の上での考察を展開している。現実の博物館の問題として「多くの博物館における社会教育が（中略）遊興施設に類似するサービス的色彩を強く帯びている」など、筆者には完全には賛同しがたい表現もあるが、「公立博物館の設置及び運営に関する基準」の1998年の改悪を「事実上の学芸員費削減が容認され」るものとしてとらえるなど共感するところも多い。学芸員を専門職として雇用すること、研究環境を向上させるために博物館からの科学研究費補助金の申請を可能とすることや学会など学術活動への参加が認められない勤務体系の是正を求めること、館長に

は「学識の豊かな学問の専門家の就任」により研究のための「必要な組織環境作り」を図ることが「現実の博物館の問題点と対策」の中で打ち出されている。この館長論には異論がある。研究者として優れた能力を持ち業績もあげてきたものが必ずしも組織のトップとして有能であるとは限らない。要は研究機関としての博物館の活動に十分な理解と熱意を持ち組織の統括者としての力量と度量を持つ人材が求められるのではないか。博物館学の中では館長についての議論もいくつかされてきているのであるから、こうした報告を作成するにあたっては既存の議論も踏まえたものであってほしい(3)。

　具体的な解決策として提示しているのは以下の4点である。まず「学芸員資格制度の整備」として「グローバルスタンダードを満たす水準で（中略）博物館の創造的リーダーシップを学術面から支える職としてシニアキュレーターを公的に設定し、資格として創設すること」、次に「学芸員雇用体制」については学芸員の俸給表に「行政職の適用を速やかに撤廃する」ことを提案し、3つ目は「博物館に対する科学研究費補助金の改革」をあげ、最後に「博物館職員に対する専門性受容基盤再教育制度の確立」として「学芸員と主に運営に携わる行政官が一体となって学ぶ制度の確立」をめざし「大学・大学院と指導的立場にある博物館に横断的なカリキュラムを持つ『博物館高度化機構』を設置」する事、をあげた。

（2）　報告を読んで

　常置委員会報告の大きなポイントの一つは、博物館業務の多様化に対応した、役割分化した専門職員の配置と養成を打ち出したことにある。現状の学芸員は博物館法第4条第4項にあるように、博物館の業務全般に通じた存在としてとらえられている。しかし倉田・矢島はアメリカ合衆国の例を引いて、curator, conservator, restorer, exhibition designer, educator/curator of education, registrar　の区分を示し(4)、竹内順一は1996年5月の第44回美術史学会において美術館における学芸員制度の見直しを述べて「レジストラー制度」と「教育普及担当者の養成」の必要性を主張し(5)、また後に「学芸員養成の問題—スペシャリストの必要性」の中では「ミュージアム・エデュケーター」と「レジストラー」を学芸員（キュレーター）とは別に配置するだけでなく、「その養

成のカリキュラムを明確化する必要」を述べている(6)。また筆者も分業化についての試案を述べたことがある(7)。学芸員の複数配置すらままならない状況の中で、すぐに実現することとはならないとは思うが、一定規模以上の博物館では学芸員の職務の分業というかたちでは現実味を帯びた提案であろう。また先に「まだ不十分である」と指摘された現行の学芸員養成のカリキュラムの提案を行った1996年4月の生涯学習審議会社会教育分科審議会の報告(「社会教育主事、学芸員及び司書の養成、研修等の改善方策について(報告)」)のなかで、「学芸員資格自体において、その専門分野を示すようにすることが考えられ」及び長期の現場経験や多彩な研修を経て「高度で実践的な専門的能力を有する学芸員」についてもその専門性を評価する名称付与制度についての検討の具体的な提案がされており、分業化の一つの方向性がすでに考えられていた。

　「研連報告」の中の「シニアキュレーター」は上記の「高度で実践的な専門的能力を有する学芸員」とほぼ同じ考え方によるものと見てよいのだろう。このシニアキュレーターは、「学芸員のリーダー的存在となる職」で「学芸員職を経験しさらに少なくとも数年間に及ぶ博物館に関連する専門教育を受け、学術的資質に関して厳しい鍛錬・選抜を受け」、「資格取得の最低限の要件として博士学位取得者であること」であることが求められる、というので、要件に厳しさが見られるものの、従来の学芸員の上にもう一つランクを設けるという点では同じような発想によるものである。また学芸員に科学研究費補助金の申請資格を与えようとすることについては、美術史学会でも取り組んできた動きを後押しするものとなる。科学研究費補助金を申請できる文部科学省の指定研究機関となっている博物館は、2003年6月1日現在で、公立の博物館では東北歴史博物館など12館、財団法人立が古代オリエント博物館など4館、ほかに国立の独立行政法人国立博物館・独立行政法人国立美術館・独立行政法人文化財研究所・国立科学博物館・国立民族学博物館・国立歴史民俗博物館、であるにすぎない。美術史学会と文部科学省の交渉の中で、学術研究機関への指定についての必要要件等も明らかにされてきており、博物館側でも指定に向けてのいっそうの積極的な研究活動の展開が期待される。

　両報告とも、学芸員あるいは専門職のための研修・再教育の充実をうたっている。研修の充実については、1990年6月の社会教育審議会社会教育施設分科

会による「博物館の整備・運営の在り方について」の報告以来、職員資質の向上のため、国、地方公共団体、博物館関係団体等に研修事業の内容の拡充や各種研修機会の一層の充実が何度も言われてきている。たびたび触れている1996年4月の生涯学習審議会社会教育分科審議会の報告では国、都道府県、博物館関係団体の各レベルにおける研修の目的・ねらい、対象、研修内容、研修方法、支援体制について細かく例を示したし、1996年7月策定（平成10年4月改訂）の文化庁による「21世紀をめざした美術館・博物館の振興方策—ミュージアム・プラン—」では「美術館・博物館を支える人材の養成」として「キューレーター研修の実施」をまず取り上げている。2001年12月に施行された文化芸術振興基本法に基づいて定められた「文化芸術の振興に関する基本的な方針」(2002年12月）では「芸術家等の養成及び確保等」の項で、学芸員などの「専門性の向上を図るために資格の在り方に検討を進める」こととともに「人材の養成及び確保、資質の向上のための研修の充実を図る」ことがあげられ、また「文化施設の充実等」の項でも「魅力ある施設づくりの核となる学芸員等の資質の向上のための研修の充実を図る」ことがあげられた。以上のようなこれまでの報告などと今回の両報告に異なるところをあえてあげれば、研修を担う場として、専門性を確立するために大学院での教育を提示しているところであろう。現在、文化庁でのキューレーター研修をはじめ、各レベルでの研修が実施されているが、大学院での教育に及んだものはあまりない。また大学院での学芸員のリカレント教育を実施している大学もまたあまりないので、大学にとっても今後の課題となっていくだろう。

　ところで両報告とも、学芸員を「キューレーター」と翻訳した上で論を進めていた。この誤解は解けないものだろうか。博物館法の構想当初から学芸員はキューレーターとは位置づけられていなかったことは犬塚康博の探索で明らかになっている(8)し、日本博物館協会の手で翻訳された博物館法の英文表記においても学芸員は犬塚の言うとおり、art official となっている(9)。また私たちの関わっている大学での、学士の学位とわずか12単位を余分に取れば手に入る学芸員養成のカリキュラムで、キューレーターレベルが養成できるはずもない。あくまでも「博物館活動を担う専門的職員として必要な基礎的知識・技術を養う」レベル(10)なのである。だからこそ経験を積み、多様な研修も経てキュ

レーターレベルに育っていけるような仕組みを作ろう、ということで平成8年の審議会報告では研修の具体的な体系までも考え、その先にあるキュレーターレベルの学芸員に対する専門性を評価する名称の付与制度を模索したのであった(11)。

おわりに――大学での当面の対応策

　分業化をふまえた博物館の専門職員の養成が実現するまでにはなおどのような業務が必要か、その資格名をどうするのか、養成カリキュラムの策定など、いくつもさらに検討をしなければならない課題が残り、また当然博物館の「専門的職員」を学芸員とだけしている博物館法の改定にも関わることであるので、急に現実化されるものではないだろうが、分業化した専門職員の養成が必要という方向性はそのまま残っていくと考えてよいだろう。学芸員の養成の大部分を担っている大学では、当面この方向性をにらみつつ、博物館法施行規則に示された必要科目のみによる養成だけではなく、専門性の部分における大学ごとの特色を打ち出した養成を試みてよいのではないだろうか。この専門性は、学問分野における専門性だけではもちろんなく、博物館の業務に対応した、常置委員会報告にもあるような、学習援助分野における専門性、保存科学も含む史資料館におけるもの、また展示などの企画立案実施における専門性、等、博物館の活動分野における専門性も当然考慮されなければならないだろう。あらかじめその大学における得意分野に重点を置いたカリキュラムを設けて養成を行い、Ａ大学で資格を取った学芸員は○○の分野に強い、というような評価が与えられるような、特定の分野に力を入れた養成が施行されてもよいのではないだろうか。

　また既述のように、これまで研修という形でされていた学芸員の再教育を、大学院にリカレント教育の場を設けておこなうこともこれらの報告の主旨を実現していくことになる。

註
（1）「月刊歴史手帖」第18巻9号　小特集　博物館と学芸員1990年9月、同　第20巻11号　小特集　学芸員問題を考える1992年11月
（2）文化人類学・民俗学研究連絡委員会　2002年10月15日「博物館・資料館にお

いて調査・研究・教育活動に携わる研究者の研究環境整備に向けての実態調査の結果について」
（3） 鷹野光行 「博物館の職員論」『博物館経営論』新版博物館学講座12　pp.77-94　1999年10月
（4） 倉田公裕・矢島國雄　『新編博物館学』p.79　1997年8月
（5） 竹内順一 「学芸員のあり方と現状及び展望」美術史142　p. 255　美術史學會　1997年3月
（6） 竹内順一 「学芸員養成の問題―スペシャリストの必要性」文化庁月報 No. 399　pp.28-29　2001年12月
（7） 竹内有里 「制度問題研究部会報告」日本ミュージアム・マネージメント学会会報 No. 29　pp.14-15　2003年6月
（8） 犬塚康博 「学芸員は〈キュレーター〉ではなかった!!」名古屋市博物館だより106　1995年10月
（9） JAPANESE NATIONAL COMISSION FOR UNESCO, Aug. 1960, MUSEUMS IN JAPAN
（10） 生涯学習審議会社会教育分科審議会「社会教育主事、学芸員及び司書の養成、研修等の改善方策について（報告）」1996年4月
（11） （10）に同じ

4 学芸員養成に関する大学の課題

(1) 大学自体の問題

①「学芸員資格がとれる」ことが受験生確保の手段の一つとなっているところも多くあるようで、その点からすると学芸員養成課程を設けることが資格を与えることが目的となり、本気で専門職員の養成を考えるに至ってはいないのではないだろうか。

学芸員養成課程における授業担当者の多くが非常勤講師であり、専任の教員があまりいないという現状がある。このことは博物館学の研究者があまりいないという状況も反映するものである。この点を全国大学博物館学講座協議会(全博協)の実態調査(2006年度)によって調べてみたところ、4年制大学203大学中「博物館(学)概論」を専任が担当しているのは93大学(45.8％)、担当者の専門分野を博物館学と表記していたのはそのうちの24大学だった。そのほかの担当者の専門分野は、考古学18・美術史17・歴史学7・記載がないまたは不明が15大学であった。24というのは意外と多いな、という感想をもったが、失礼ながら、専門が「博物館学」であるとしている方でも、私の浅学のせいか、その分野の論文などお目にかかったことのない方も幾人かおられた。

別の最近行われたある調査で、289大学(短大13を含む)中、博物館概論は42.7％を専任が担当というデータもある。

②学芸員養成のための施設の不足、つまり大学博物館の未発達もあげられる。さきの全博協実態調査では96大学に付属施設があり、そのうち46大学(短大2を含む)は博物館相当施設に指定された施設をもつ。また、別の最近行われたある調査では、289大学(短大13を含む)中41.5％に付属施設があるとされるが、そのうち実習生を受け入れていないのが42.5％、というさびしい結果であった。

③学芸員養成が大学ごとに水準、内容が一定していないことも問題点である。養成科目として挙げられている科目の定められた教育内容との乖離が激しいところがある。

4　学芸員養成に関する大学の課題　115

　まず、講義名・授業題目の乖離であるが、「博物館概論」に「アートコミュニケーション概論」「サイエンスミュージアム教育論」「美術史現地指導」「文化財学Ⅰ」「考古学・文化財学概論A」を充てる大学があった。博物館実習も「考古学実習1」「自然科学総合実験」「植物学標本実習」「古文書学実習」「臨界実習」「文化人類学実習」「岩石学実習」「微生物生態学実験」「地学実習」「動物生態学実験」「生物学実験」……等で読み替えてしまっているところがあった。なんでもありのような状況である。また「視聴覚教育メディア論」も「学習とテクノロジー」「学習科学論」「学習心理学」「コミュニケーション論」「ビデオ構成法」「地図学」「東洋・日本美術史各論」「認知心理学」「岩石学入門」などで読み替えているところ……(註)。

　科目名だけでなく、授業内容の乖離もまたみられる。公表されているいくつかの大学のシラバスを見ることで調べた。

　「博物館概論」は、科目のねらいが「博物館に関する基礎的認識の習得を図る」で、内容は「博物館の目的と機能・博物館の歴史・博物館の現状・博物館倫理・博物館関係法規・生涯学習と博物館」について講義することになっている。しかるに、ある大学の博物館概論のシラバスでは、

　　1．文化財の伝来　　　　　　　7．博物館法
　　2．博物館の誕生　　　　　　　8．国立博物館と独立行政法人
　　3．文化財と近代日本　　　　　9．博物館と学芸員
　　4．○○博物館の設立　　　　 10．博物館の種類
　　5．学内の博物館見学　　　　 11．博物館活動
　　6．法隆寺焼失と文化財保護法 12．博物館のかかえる問題

とあり、また同じ大学の別の教員による博物館概論は、

　　1．博物館、学芸員について。
　　2．日本博物館前史　奈良時代以来の社寺宝庫、出開帳。
　　3．　　〃　　　　デパートに於ける国指定文化財の出品禁止、絵馬堂。
　　4．　　〃　　　　本草学、物産会、薬品会、幕府蕃書調所物産学設置
　　5．　　〃　　　　幕末海外派遣使節の日記に見える欧米博物館の見聞記。
　　6．　　〃　　　　福沢諭吉『西洋事情』に於ける「博物館」「博覧会」
　　　　　　　　　　 江戸幕府のパリ万国博覧会参加。

7.　　〃　　　　明治新政府の博物館建設。廃仏毀釈。集古館建設構想。
8．東京国立博物館略史　文部省博物館、博覧会事務局、内務省博物館、農商務省博物館、帝国博物館、帝室博物館、仮称国史館建設構想、文部省博物館、文化財保護委員会所管東京国立博物館。
9．国立科学博物館史　（文部省博物館、博覧会事務局）、博覧会事務局合併解除、東京博物館、東京教育博物館、東京高等師範学校付属教育博物館、通俗教育館、東京博物館、国立科学博物館。
10．明治時代地方博物館史。
11．大正時代地方博物館史。
12．明治大正時代に於ける専門博物館の誕生。
13．これからの博物館。

である。ほとんど日本の博物館史だけで終始している。

このような状況は概論だけでなく、博物館資料論など他の科目にもみられる。

（2）　履修者の問題

　学芸員課程の履修者の中には、資格でもとっておこう、という気分のものが少なからずいる。博物館実習を受け入れる側の学芸員の方からしばしば聞かされるのだが、いわく、一度も博物館に行ったこともないようなものが実習にやってくる、実習中の態度が不真面目なものがいる、資格を取って学芸員になろうなどという気のないことを公言する、など。そういう学生を実習によこさないでくれ、といわれるのはとてもつらいところであるが、これは学生の問題というよりも大学の姿勢の問題かもしれない。

（3）　外側の問題

　（1）で研究者のあまりいないことを挙げたが、博物館学という分野がなお外見的にも未発達であることも問題にしなければならない。ようやく2年前に、2年間の時限措置という形で科学研究費の申請が博物館学という枠でできるようになったが、時限措置であって今後どうなるか分からない。つまり科学研究

費すら単独では取れない状況だったのである。

そしてもう1点、実は学芸員養成に生じているさまざまのことがこれに集約されてしまうといってもいいくらいに思うが、資格を取っても出口を与えられないこと、つまり学芸員職にほとんど就けない、という現状がある。大学としては出口を与えられないから専門家養成ではなく「理解者養成」でいいではないか、と自らを納得させているし、学生もどうせなれないのだから、という気分でいてしまう。

（4） 解決には

まず、大学の学芸員養成への信頼を取り戻すこと、それには学芸員養成課程の改善—科目数・内容を社会の養成に応じて増加させることがはかられなければならない。しかし大学の壁—教員不足・施設不足—がここでも立ちはだかる。また科目数が増えれば当然資格がとりにくくなるという判断のもとに資格を目指す学生が減るかもしれない。

次に、博物館学を確立させ、少なくとも科研費が単独でとれるような学問としての隆盛を図らなければなるまい。

そして博物館そのものの登録・認証制度の確立と強化によって学芸員の確実な配置をしていくことである。

  2008年6月7日、日本ミュージアム・マネージメント学会の第13回大会では、指定討論「博物館職員のキャリア形成　学芸員養成に関する大学の課題」と題した発表の場を与えられた。おりから学芸員養成の科目の見直し作業に携わっていたこともあり、それに関連づけて以上のような発表をおこなった。

（註）　平成19年度文部科学省委託事業『学芸員養成カリキュラムに係る調査研究報告書』平成20年3月　丹青研究所

3　博物館実習のあれこれ

1　お茶の水女子大学の実習の現状

　お茶の水女子大学（以下お茶大と略す）では、文教育学部教育学科社会教育学講座に博物館学担当の教官が置かれ、学芸員課程を担当して博物館学の講義と実習に当っている。以下に述べることは、実習を担当して日の浅い筆者の感想と半ば愚痴でもある。読みづらい点も多かろうが御容赦願いたい。

　博物館実習は、博物館学概論を履修済で学芸員資格の取得を希望する学生のみが履修することになっており、ここ2年間は20名前後の学生が実習に参加している。この20名という数は他大学に比べると必ずしも多い方ではなく、むしろ少ない部類に属すようで、以下に述べるように、実習は大変だ、などというとお叱りをうけるかもしれない。しかし、学芸員課程の発足後の歴史が浅い本学にはそれなりのものがある。これから、実習生を送り出す側のさまざまの問題について、お茶大の実態に沿って述べていくことにする。

　お茶大の博物館実習はⅠとⅡに分けられ、Ⅰは博物館の見学による1単位、Ⅱでは博物館での実務実習や野外での遺跡の発掘調査が課せられ、2単位を取得する。合計で博物館法施行規則に定められた実習3単位を充足する。お茶大には博物館に類する施設・機関がないので、実習には学外の博物館や美術館、またそれらに類する機関（以下博物館と総称する）に協力を求めて実習を実施している。付属する博物館があり、これと博物館学講座や学芸員（養成）課程が連動している大学ではそこに依拠して実習を実施できるわけであるが、このような大学は少なく、多くの大学がお茶大と同様の処置をとっている。1981年6月の段階のデータによると、全国で87大学に学芸員資格を取得するための課程が置かれており、東京近辺に半数近くが集中している（『全国大学博物館学講座開講実態調査報告書1981』全国大学博物館学講座協議会）。都内の大学だけみても年間1000人から1500人の学生が実習をうけていることになる。大学によっては学生が自分で実習先を見つけるとの方針で実務実習を処理しているところもあるようであるが、お茶大では今のところ原則として大学側で実習先を見つけ確保する方針である。実習先を探すに際しては、一面識もない館にいきなり

電話なり手紙なりで連絡をとって依頼するというわけにもいかず、まず何らかのツテを頼ったり、ツテのその先のツテも、といった風でどこかでつながりのもてる博物館を頼ることになる。いかに東京近辺に博物館が多いといってもそのすべてが実習生を受け入れてくれるわけでもなく、地域的問題や博物館の特色なども考えると実習先を確保するのはかなり大変である。たとえ20名程でも。館によってははっきりと実習をする学生の専攻を指定してくるところもあり、また館とは話がついても学生の居住地からは遠くて通えない、といった事態もでてくる。実習生の専攻が指定されることは上に触れたが、実習生を送り出す側でもある程度学生の専攻を考えて振り分けている。美学・美術史専攻の学生には美術館を、史学科の学生には歴史系博物館や郷土資料館の名をかぶせた館をあて、教育学専攻学生には社会教育活動にも力を入れている館を、といった具合である。(このように博物館の特色を勝手に決めてかかるのは甚だ僭越とは考える次第であるが、たとえば失礼ながら平塚市博物館は3番目としている。)もちろん学生を実習館に振り分ける要件はそれだけではなく、実習期日や学生の居住地も考慮しなければならない。実習をうける学生は4年生なので、就職試験や卒業論文、また教育実習など、大学へ来る時間があるのかと思えるくらいいろいろな「仕事」があり、ましてサークル活動に熱心な学生においてをや、である。博物館実習も「仕事」のうちの一つである。お茶大の場合はこれに夏休み中の2～3週間がとられる。夏休み中だからいつ実習があってもいいのかと思うと教員採用試験や公務員採用試験がひっかかるとか、卒業論文用の長期間のフィールドワークを実施する学科もあったり、などの支障がおこる。いろいろ重なるから実習をあきらめたい、という学生はごく少数でたいていは実習期日の変更を申しでてくる学生である。その博物館での実習は今年限りでもう2度とお世話になることはないとか、個人的に学芸員の方と親しくて多少の無理は聞いてもらえるような時には、何とか実習期日を変更してくれるよう頼む気にもなるが、実習はこれからもずっと続けられるのであり、やっとツテを頼ってコンタクトを取り、実習生を受け入れてもらえるようになっただけでも辛いなのに、折角決まったスケジュールの変更をしてくれなどと二重の迷惑をかけるようなことを申し出てはもう次の年からは実習生を引き受けてもらえなくなりはしまいか、などという心配もおき、甚だ困ってしまうのである。やっと確

保し、つながりも持てた実習先であるから、何とか将来もここを確保していきたいと考える故である。幸いにもお茶大の学生は実習先では今までのところ大きな失敗もなくきている。

　博物館実習の一環として博物館に見学をさせてくれるよう依頼すると、どの館でも館の方がでてきて館の歴史や現状、特色、展示などについて話をして下さる。展示などに実際に携わる学芸員の方が話されることが多いが、館長さんなど偉い方がでてきて話をして下さることもある。時には展示された資料の説明を、館を回りながらされることがある。博物館が博物館として勝負すべきはまず展示によってであり、これをみせることで博物館の見学はそれで良し、とするところであろう。展示を解説して下さることはもちろん大切なことでそれによって普通に見学したのでは通りすぎかねないような展示や、資料の新たな意味あいに気がつくこともある。だが見学といってもこの場合にはあくまでも実習の一環であり、将来の学芸員予備軍たる学生には、単なる展示だけではなく、もう少し別の部門も見たり聞いたりできたら、と考える。展示された資料そのものの説明に加えて、その資料をその場所に置くのにどんな工夫が必要であるとか、その資料がそこへ置かれた意味とか色合い、高さ、背景、動線との関係、など具体的な話に学生は興味を覚えるしまた聞かせたい。資料の解説が不要だと主張するのではもちろんない。展示を見せながら展示の話をすることでより具体的な理解も与えられよう。展示の一つ一つの場面によって展示は全く違った要件から成るであろうし、実際に展示を実施しないとわからぬようなさまざまの問題点も語られようし、展示という実物を目の前にした博物館での教育活動の特性を存分に発揮して学生への教育効果も大きい。見学実習についてもう一つ希望を述べると、可能ならば通常の見学では見られない、裏方を見せていただけたら、ということであるが、いかがであろうか。収蔵庫の様子やそれにかかわるいろいろな設備、荷解き室とか種々の作業室など、学芸員の基本的な仕事の場であるこれら裏方の様子を知ることにより、学生達は学芸員の仕事の多様さの一端にも接することになり、実際に実務実習に入って自分が裏方の仕事にかかわる時に有益であろう。とくに収蔵庫にはその博物館のすべてが詰まっているところであり、場合によっては展示よりももっと博物館そのものを語ってくれる空間なのである。

お茶大での博物館実習Ⅱとしておこなわれる実務実習の内容は、博物館によってさまざまである。博物館実習の目的が、

　「体験を通じて現実の博物館の運営管理の実態を把握させる。」（鶴田総一郎　法政大学資格関係科目履習要綱　昭和56年度　による）

にあるとすれば、その体験のしかたはいろいろであってよいはずで、特別展のための展示会場設営であっても館所蔵文献の整理であっても、窓口での受付ででも博物館の運営管理の一端に触れることになる。実際に実習でおこなわれる内容は、実習生を受け入れる館で実習用のカリキュラムを作り、それに従って博物館の仕事をひと通り経験させるところと、学芸員の普段の仕事の「手伝い」のような形で実務を経験するところ、に大別できようか。表現は適切ではないかもしれないが、後者は学芸員の日常の業務の一部を分担する形をとったり、特別展の準備に携わったりすることによる実習をいう。特別展の準備期間中に実習生を受け入れてくれる館も少なくない。この期間中には展示に関する仕事が短期間に集中しておこなわれるので、ここに実習を設定すると実習生にとっては展示の始めから終りまでを経験できるだけでなく、普通ならガラスケースごしでしか見られないような資料にも触れたりもできる、という効果もあり、館の側からすると特に忙しい時に人手が増える、という一石二鳥の効果があるようだ。前者のカリキュラムによる実習は10日から2週間おこなわれ、後者の形の実習は1週間のことが多い。

　実習の目的が「体験を通じて博物館の実態に触れること」であると先に述べたが、実はこれも曖昧な目的であって、博物館実習とは何であるか、何をそこでおこなうのか、という点について明確な基準は未だ示されていないようである。博物館の仕事の一部だけを経験するのかそれとも全体を少しずつ体験するのか、どちらが良いのか、どちらでも良いのか、そんな議論はなされているのであろうか。筆者が博物館学に関連を持つようになったのはつい2年程前であり、不勉強のせいもあってこうした点についてはまだよくわからないままである。筆者の立場からすると、実習生を受け入れてもらうことだけで博物館には迷惑をかけることになるのに、そのうえにアレもコレもさせて下さい、とは言い難い思いがする。しかし、博物館には学芸員が必要であるという認識がごく当り前のこととなってきた今、長い眼で見る時には博物館の側でも実習生

教育が積極的に考えられてもよいであろうし、実習カリキュラムについて博物館の集まりの中で検討されてもよいのではあるまいか。もちろん大学の側でもこうした議論はなされるべきである。お茶大では実務実習に先立つ予備教育のようなことは今のところおこなっていない。しかし将来、大学でまずひと通りの技術的な訓練を実施しておいて、実習先の博物館でイロハから指導しなくてもすむような形にしていきたいのであるが、人手不足や時間、設備等の問題があって早急には実現しそうにない。

　昨年度の実習生の中には、実務実習にひどく感激して大学に戻ってきた学生もあり、もっと早く実習の機会が与えられれば、と博物館への就職を考えるキッカケをもった学生もいた。しかし実習にでかけ、学芸員の資格を得ても、間口のせまいせいもあり実際に学芸員となって就職できる学生はほとんどいない。資格をとるために、どちらかというと仕方なく実習を受けるという受身の姿勢で博物館に出かけていた学生が、実習を契機として博物館の積極的な理解者へと変身していく姿は、実習の持つ意義をよく示してくれている。

2　学芸員養成における
　　　博物館実習について

はじめに

　お茶の水女子大学では、1982年から現在の形での博物館実習が行なわれるようになった。以後多い年で28名、少ない年で16名、平均して20名前後の学生が毎年実習をうけてきた。実習を履修できるのは4年生を原則とし、年によって1・2名ほど大学院の修士課程の学生が履修することもある。学部の学生に関しては4年生のみである。いずれにせよ、前年までに博物館学概論の単位を取得していることが実習を受けることのできる条件となっているが、たいていの大学で同様のシステムをとっていることと思う。筆者のこれまでかかわってきたお茶大での実習をもとに、博物館実習についていくつか感じたことを以下に述べてみたい。

（1）　実習の実際について

　まず、お茶の水女子大学での実習の実施方法などについて述べよう。

①見学実習について

　実習はⅠとⅡに分けられ、実習Ⅰは1単位で、博物館の見学を行なう。4月から7月の間に主に土曜日の午後を使って7回、教官引率のもとに見学をし、これと別に学生が自由に選んだ博物館を8館以上見学し、そのすべてについてレポートを提出させる。団体での見学では、学芸員や館長さんなどに館の概要や展示の様子などを説明していただき、可能ならば裏方、収蔵施設、研究室や学芸員室なども案内していただく。実務実習以前に行なわれる見学なので、実習生にとっては初めてこうした博物館の裏側の部分を目にすることになり、かなり強い印象をここで受けるようだ。後の実務実習のレポートの中では、見学した館と自分の実習した館を比較したりするものも見られる。見学館は毎年ほぼ同じ博物館に依頼しているが、見学した館についてのレポートのいくつかは

毎年作成している「博物館実習報告」に掲載し、見学させていただいたことへのお礼の代わりともしている。学生たちが自由に選んで見学する館は、海外旅行をしたときにみた博物館のレポートをしてくるもの、国内でも旅行の途中に立ち寄ったところを書いてくるもの、すまいの近くで手軽に済ませるもの、4月から計画的に出かけていろいろな種類の博物館を見てくるもの、などまったくマチマチである。しかし一番多いのは、レポート締切間際になって、つまり夏休みの終りごろになってあたふたと見学し、数を揃えてくるものだろう。私も覚えがあるが、レポートなどはたいてい締切近くならないと手がけないものであろうから、こうでない方がむしろ珍しいのかもしれない。レポート締切近くに集中的に見てくるものもそれなりに利点はある。というのは、時期的にいってたいていの場合、自分自身の実務実習が終っていて博物館に対する意識が大分変わってから見学することになるので、ただ展示を見てきた、というだけではなく、博物館の活動の様子なども探ろうとしてきたり、展示を作る側から見ようとしたりするレポートも現われる。8館以上、という基準にしたがって、きっちり8館の見学をしてくるものがほとんどだが、もちろんそれ以上見学してくる学生もいる。今年も10館分のレポートを出した学生がいた。今年度は19名の学生が101館の見学レポートを提出した。この101館を分類してみよう（日本博物館協会の分類による）。海外は8館（美術館7、歴史館1）ある。国内では、総合博物館3館、郷土博物館4館、美術館39館、歴史博物館31館、自然史系2館、理工学系11館、自然史・理工1館、動物園0、水族館1館、植物園1館であった。見学は、なるべく館種を多く、特定の種類に偏らないよう事前に指導しているのだが、特に美術史専攻の学生はどうしても美術館中心の見学になりがちである。ただ、見学する館の種類と、学生の実習への興味の強さとの関係はいくらかありそうである。しかし、それが学芸員への指向の強さと結び付くかというとかならずしもそうではない。

②実務実習について

実習Ⅱに実務実習をあてている。実習を履修する前の年の12月の初め頃に、実習に関する第1回目のガイダンスを行なって、実習の心構えとか、過去の実習先にどんなところがあるのか、いつごろ実習があるのか、どういう形で行な

われるのか、また、自分で実習先を探したいときはそれでも良い、などの話を
し、自分で探すときには下交渉をそろそろしておくようにというようなことを
申し渡す。と同時に、実習を履修したいことの希望の表明、これはこちら側に
とっては、実習生のリスト作成・登録を行なうことになる。また実習先につい
ての希望、例えば美術館で実習したい、とか歴史系の館でしたい、とかいう希
望を表明させ、実習館の決定についてはこの希望を配慮して行なうことになる。
実習先を自分でみつけ、交渉をしてくる学生は今年の例でみると19名のうちで
5名程あり、これについては学生のほうで内諾を得てから筆者があとの手続き
を行なう。それ以外の実習生については、過去に実習をさせてもらったところ
とか、毎年決まって実習生を受け入れてもらっているところなどに、まず電話
で交渉をし、そのあとで実習の依頼状を送る、という段階を踏む。これらも別
にお茶大だけの特殊なやりかたではなく、どこの大学でも同じ様に進められて
いることと思う。

（2） 実務実習実施上の問題点

　ここで取り上げたい問題が3つある。1つは実習依頼を行なう時期について、
2つめは実習の期間について。3つめは実習生の資格について制限を設けられ
ること、である。

　1つめの実習依頼を行なう時期についていうと、筆者自身は年毎にこの時期
が少しずつ早くなってきている。受付時期を指定している館もいくつかあるが、
実習の依頼は「早いものがち」のところがあることは否定できまい。これまで
は年度のかわりということを配慮して、4月になってから直ちに電話での依頼
をする、という方針でいたのだが、今年の場合、3月半ばに依頼したところ、
すでに一杯で受け入れられない、という返事をされたところがでてきた。ここ
では昨年の11月頃から実習依頼がきはじめた、ということであった。あわてて
ほかの館に電話をして何とか19名の実習先を確保したのだが、実習先の「青田
刈り」をこのままにしておいていいのだろうか。11月では、博物館学概論のよ
うな科目の単位の取得について問題はないのだろうか。どこかに公平な一線を、
少なくともスタートラインでは同じというガイドラインを引いておくことは必
要ないのだろうか。例えば、博物館に実習を依頼し始めるのは、博物館で指定

する場合を除いて3月からとか、4月になってから、とかいったことを大学間での申し合わせのようなことができないものだろうか。

　次に、2つめの実習の期間である。お茶大では原則として2週間の実習を依頼しているが、受け入れてくれる館によって1週間や10日間の実習、と指定しているところもあり、その場合は依頼した館の都合に従うこととしている。博物館実習の資格に関する単位は3単位であるが、お茶大ではこれを2単位と1単位に分割し、1単位は前に述べた見学実習にあて、実務実習は2単位である。したがって博物館での実習は90時間が要求され、ここから2週間という期間が設定されている。実習の効果だけから考えると、1週間の実習といっても休日が入るので実質6日間ということが多く、また公立のある博物館では実習は4日間だけ受け入れる、とあらかじめ指定しているところもあり、はたしてこの程度の実習で何ができるのだろうかと疑問に思うこともあるが、受け入れ館のいろいろな都合や実習を受け入れてもらうことで迷惑をかけることを思えば文句も言えないところである。いくつかの館からは「大学によって要求される期間がマチマチで困る」といったことを言われたことがある。学芸員資格の国家試験による認定の場合は、学科試験にすべて合格したあと、1年間の実務を経て正式に学芸員と名乗ることができる、とされているが、これを援用して乱暴な言い方をすれば、実習は1年間が必要ということになる。それだけ実務経験というのは重視されているのであろうが、大学の現在行なわれているカリキュラムの中でこれと同じことはできないし、学芸員の養成が大学にその大部分を委ねられている以上、定められた大学のカリキュラムのなかで、また現行の制度のもとでは、博物館側に2～3週間の実習を「要求する」ことが精一杯のところである。次に取り上げる問題ともからむが、実習を受け入れる側では、はたして本当に学芸員になるかどうかも分からない学生を、またはただ資格が取れれば良い、程度に考えていて積極的な意志・希望も見受けられないような「意欲のない」学生たちを2週間も面倒を見るのはゴメンだ、という気持も理解できないわけでもない。しかし実務にたずさわる経験をすることは、大学だけでは解決できない問題であり、学芸員を養成することに参加するという観点から、博物館はむしろ積極的に実習生を受け入れる考え方をとってはもらえないだろうか。大学に博物館を作ってそこで実習をさせればそれで解決する、という意

見もあろう。たしかに一つの方法ではあるが、大学の中に博物館を作ってもこと実務実習に関する限りは解決にはならない。というのは、ここで実習をして学芸員の資格を取ってみても、実際にそれを生かすことのできる場は大学付属博物館以外の場所がほとんどであろうし、大学の博物館では実技関係のことはある程度体験できても、現実の博物館の中に起きてくる様々な動き、人との接触、交渉事、お金のヤリクリ、こうしたことは大学の博物館での実習ではほとんど知らずに資格を得てしまうことになりかねまい。わずか2週間の実務実習で何が体験できるのだ、とも言われるだろう。しかし、これまで行われてきた実習の中で、すべてではないにしても何人もの学生が、そのわずか2週間程度の実習の中でそれなりの体験をしてきている。このわずか2週間でも体験できる、というところに重きを置きたい。そんな短期間でも現実の「雑芸員」とも言い換えられる学芸員の実態に触れることはできるのである。これはおそらく大学付属の博物館では難しいのではないか。また、この2週間のうちに「雑芸員」の体験をした学生はそれだけ博物館に対する意識が高くなる。同じような実習をしても、それに触れられる学生とそうでない学生が出てきており、どちらかというと積極的な意志をもった学生のほうが「雑芸員接触体験」をしてくるようである。仮に学芸員の養成課程をもつすべての大学に付属する博物館が設けられたとしても学外の館での実習も必要であり、役割分担が行なわれるようになるのではないか。

　3つめに取り上げたいのは、実習生の資格の制限についてである。実習生を受け入れる博物館では、当然受け入れ能力に限界はあるので、実習の依頼にすべて応えられるわけではないことは言うまでもない。そこで何らかの形で実習生を絞る、ということが行われる。この絞り方であるが、私の経験したいくつかの例を上げでみよう。①申し込み順、これは先に上げた大学の側の問題でもあり、早いもの勝ち、である。②1校当たりの人数を制限する。③実習生の専攻で絞る。④その館の立地している地域との関連で制限をする。⑤実習生の意欲を条件とする。などであろうか。①と②については取り立てて異論もなく、もっともなことと思う。③の学生の専攻と実習館との関係は、実習生の配属先を決めるときに先ず配慮しているところであり、美術館には原則として美学・美術史の専攻の学生を当てているし、極端に専攻とかけはなれたところで実習

をするということはお茶大ではこれまではほとんどなかったと思う。学芸員として必要な要件のうちに学術上の専門性があるが、筆者はこれは第一に尊重しなければならない要件であると考える。そのためにも専攻とかけ離れた分野での実習は避けている。しかし、学生の専攻する分野が博物館の守備範囲にない場合はどうするのだろうか。おおむねその博物館で主として扱っている資料によって専攻との関係が決められているのだろうが、たとえば民俗学などは専攻する学生はどのくらいいるのだろうかと思うし、逆に教育学を専攻する学生は、博物館の中でこの分野は極めて重要となっているにもかかわらず、教育を専門に扱っている博物館は一体どのくらいあるだろうか。厳密に言えば行き場がなくなることになる。④も多少は無理はないかな、という感じもするのだが、区立や市立の博物館に、「区民や市民の税金で建てられたのだから」という言い方をされるとこれは困る。こちらは実習生を受け入れてくれることをお願いする立場なので、その場ではなかなか反論できないのであるが、区立だから区民の税金で、とか言うのは一見もっともでありそうだが実は全くの間違いであり、税金のことを言えば区民も市民もなく、等しく国民の税金で作られているのである。ましてその区なり市なりの税金だけで運営されている自治体などほとんどあるまい。完全に納得はしないし上のような反論もあるが、一応の制限の基準となることは認めざるをえまい。問題は⑤であろう。端的に言うと、学芸員になりたいという意欲のない学生はだめ、ということで、心情的には理解できるし、実習に出す側としても学芸員の資格を取って資格を生かすことのできる学生にだけ単位を与えたいというのが正直なところである。しかし、学芸員の資格を本当に生かすことのできる門戸は非常に狭い。本当に生かす、と書いたのは、学芸員資格を持っていることを採用の条件とする博物館職員以外の職種をもつ自治体がいくつもあるからである。職制の中に、博物館以外の場で「学芸員」を用いているところがある。筆者自身も大学で学芸員に関する科目の単位を取っていなかったにもかかわらず、教育委員会の中で「学芸員」という職についていたことがある。学芸員は、博物館の専門職員の職名であるはずである。同じく資格を取ってもほとんどそれを生かされないでいる資格に、教員の資格があるが、教員の場合は数は少ないながらも毎年のように一定の人数の新規の募集があり、これに挑戦することができる。学芸員の場合にはどこかで募

集するときに出くわせばこれは非常な幸運である。まして資格を取って大学を卒業するそのときにこのチャンスに巡り合うなどというのはめったにない。おまけにその善し悪しは別として、公募で学芸員を採用するところよりもある種のつながりによる採用が多いようだし、また女子大に籍を置くので特に感じるのであるが、かなり露骨な男女差別も今なおある。どうしても博物館の学芸員になりたいのなら、卒業してすぐでなくとも募集があるまで待てばよい、という意見もあろう。事実そうして何年かチャンスを待ってから学芸員としての仕事についた方も少なくないだろう。その気になって5年も待てば博物館に勤められる、と聞いたこともある。意欲がある、というのはこういうところまで含むのかもしれない。しかし、女子大に勤めているという立場から言うと、このようなことを女子学生に要求するのは酷かもしれない。募集があればどこでも行く、というように現在住んでいる地域との関係を問わずに就職することも難しい場合があろうし、親との関係も無視し難い。ここまでの「意欲」を要求されると、困る。「女の時代」だからそんなことにこだわるのはおかしい、という考え方ももっともだが。筆者は、学部を卒業した段階でどうしても学芸員になりたいという学生には、その時点で学芸員の募集に出会わなかった時にはとりあえず大学院に進んで専門性を確かに身に着けるように、とすすめ、修士課程が終った段階でも同じ状況の時には、チャンスがあったらいつでもやめる覚悟をしたうえで博士課程に進むようアドバイスをしている。いささか身勝手な言い方ではあるが、学芸員としての職場をほとんど閉鎖的なものにしておいたままで、「学芸員になる気もない」という条件をつけないでほしいのである。これは博物館を責めても仕方はないのであるが、ここには我が国の博物館の制度そのものにかかわる基本的な問題点があるのではないか。「博物館」には、「学芸員」がいなければならない。しかし「博物館」的な施設はあっても、実質的に法の上で博物館ということのできるところは全体の25パーセントほどであること、それ以外では学芸員などいなくてもいいこと、ここに問題がある。カウントのしかたによっては4500余りにもなろうという「博物館」の役割が、生涯学習社会のなかでますます重くなっていくであろうことを考えると、建物、施設だけを作って「ひと」を配置しない「生涯学習施設」の存在はありえないはずである。しかし現状は学芸員のいない「博物館」が多いのである。ここの

ところを解決しないでいて、安易に「学芸員になる気もない学生」などといってほしくないのである。とはいっても博物館が実習を受け入れる一つの基準としてこうしたものを設けることもいたしかたない、とも思わざるをえないのであるが。

おわりに

過去8年間に博物館実習にかかわった体験を元に、勝手なことを述べてきた。こんなことを言うような大学の実習生は引き受けない、などというリアクションの起きないことを願う次第だが、このように迷惑をかけながら実施している学芸員養成の成果を紹介して稿を終えたい。お茶の水女子大学でこの8年間に学芸員の資格を得たのは142名、そして実際にその資格を生かすことのできたのは11名、率にして7.7％である。これが多いのか少ないのかは判断の根拠を持たない。

3 博物館実習を考える

はじめに

　実習を受け入れる現場で感じているであろう「迷惑」のようなことには関わりを持たずに、実習生を送り出す側の私見を述べてみたい。以下「博物館」の語で博物館、資料館、美術館などを代表させていくことを断っておこう。

（1）　大学の問題

　1992年6月付けでだされた「神奈川県博物館協会々報第64号」での特集、また1993年の「ミュージアムちば第24号」での特集、そしてまた本誌での特集と、学芸員養成における博物館実習をめぐる実習を受け入れる側での論議がある。大学側には、このようなことについて話し合いをするはずの組織として「全国大学博物館学講座協議会」（全博協と略する）が、現在関西大学を事務局として設けられており、ここに学芸員養成課程を設けている96の大学・短期大学が加盟（1992年4月現在）して、毎年6月頃に全国大会、そして秋には西日本と東日本の各部会での集まりがもたれている。ここでは、実習についての真剣な議論がほとんどできないという不満を筆者は持ち続けている。問題提起はあるのだがそれについての話し合いができないというのが現状である。大学がどういう方針を持って学芸員養成をしていこうとするのか、実習をただ受け入れてくれるよう博物館にお願いするだけで良いのか、等、大学側がある程度共通認識をもって対処していかなければならないといつも思うのだが、考えをまとめあげていこうとする姿勢はこの協議会にはあまり見られない。この会の大きな目的である「親睦」ももちろん大切だが、もっとその前に考え改善させていかなければならないことがたくさんあるのにそうできないでいるのが、現在までの全博協の姿勢のようである。組織が大きくなってしまって一つの会議の席では何かを決定するのはむずかしそうなこととか、しかたのない部分もあるだろうが、それにしては総会での議論の不活発なことは否定しようもない。学芸員養

成に、専任の立場で関わっている大学の教員があまりいないことも一つの原因ではないだろうか。また学芸員資格の付与が、博物館での専門職員を養成するという立場からではなく、例えば考古学関係の職に見られるように、就職の際にこの資格を持っていなければならないという条件のある職を得させるための一種のサービスとしてこの課程を設けているところもある。こうしたところから博物館の専門職員である学芸員の資質を高めるためにはどうしようというようなことについての真剣な議論は生れまい。

（２）　学芸員養成における実習の意義について

　実習がなぜ必要か、なぜ実施しなければならないか、など、いまさら議論の必要はないだろう。博物館の専門職員である学芸員の養成は、その大部分を大学に求めているのが現在の我が国の制度であろう。一方、大学にかなりの裁量を与えてはいるが実務経験を得るための実習は博物館で実習せよ、と決めている。しかし実習に必要な施設等の設置を大学には義務づけていない。大学設置基準が変わって博物館の設置を義務づけろというようなことがない限り、お茶の水女子大学のような小規模な国立大学では、新たに博物館等の施設を設けることは今後まず不可能であろう。とすれば今後も大学外の博物館に協力を仰ぎながら学芸員の養成を行なっていかなければならないのである。

　今「協力を仰ぎながら」としたが、そうだろうか。ある機関の専門の職員を養成するのに、その機関は「協力する」だけで良いのだろうか。積極的に「かかわる」ことは考えられないのだろうか。その機関の日常業務の一つとして関わっていくことはできないのだろうか。博物館実習を、学芸員養成、すなわち博物館の後継者養成のための仕事としてとらえれば、もっと積極的な関与ができるのではないだろうか。しかしそうなると今度は実習生の「質」も問題となる。現場での本音としてしばしば「学芸員の資格の取得だけが目的の学生の実習など引き受けたくない」と聞かされる。教育実習の現場でも同じようなことを言いだしているところもあるそうだが、確かにその通りであろうとは思う。学芸員になる気もない学生のおかげで迷惑を被る、とそんな気分はあるだろう。ましてや実習期間中に就職活動に走るとは、という気持ちをもたれるであろうことは筆者もそのことに腹立たしい思いをすることがあるので、容易に想像がつ

く。しかし、少数精鋭という考えもあるが、パイは大きくしておいた方がいろいろな人材をその中に見出す可能性は高いのではないか。当面学芸員とはならなくても企業の中でそのようなポジションに回ったりすることもある。大体学芸員の資格など、本来の形ではすぐには生かせないのが現状ではないか。目標は「今」だけではなく、資格を得ようとする学生たちの「将来」にも置きたい。学芸員を養成することには、現状では大学だけではできないし、現場との連携が不可欠である。後継者の養成、という観点に立てば、実習を実施する博物館も大学と同等にかかわっているはずだということを強調したい。

（3） 実習の期間について

　実習にどのくらいの期間が必要かについての筆者の考えは、別に述べているのでここで多くを割くことはしないが、実習に際して、実習する博物館の中での一人としての自覚を実習生が持てるようになるのに、どのくらいの時間が必要なのだろうか。お茶の水女子大学の例を上げると、実習は原則として受け入れてくれる館の指定するとおりの日程で実施しているが、日数は5日間から14日間と幅がある。一つの疑問は内側からの博物館体験をするのに5日間くらいでその実が上がるのだろうか。実習期間の短い実習生は、博物館ではいろいろな仕事をするのだなあ、とか、学芸員って大変だなあ、というな「感想」を持つだけで終ってしまうようだ。もちろん2週間の実習をしても同じような「感想」で終る実習生もいるけれど、そんな「感想」を持たせることが博物館実習の目的ではないはずである。博物館の都合とか大学の都合とかで実習を設定するのではなく、学芸員を養成する中で実習はどれだけ必要なのか、ということを博物館も大学も議論し、一致点をみつけていくことが必要ではないか。筆者は教員養成のための教育実習とも考えあわせ、またある程度の人間関係を作るためにも実習は最低2週間は必要であると考えるのだが。

（4） 実習内容について

　どのような内容の実習が実際に行なわれているのか、最近3年間程のお茶の水女子大学での実習の記録を元に見てみたい。
　まず、実習の形態・内容を分類してみる。実技指導中心の実習、館の行事の

補佐役的な実習、特別展・企画展などの準備や実習生による展示コーナーの作成、資料整理中心、講義中心、他施設の見学、その他と７つを上げる。これと関連して、実習館が実習生をどのような扱いをしているかについて二通り、アルバイト・ボランティア、準職員扱いのところとどちらかと言うと実習期間の特別なお客さん的に扱うところに分けてみた。

　形態・内容の分類を中心に据え、他の項目との関連を述べる形ですすめよう。

①実技指導実習

　資料の実測図作り、トレース、拓本、写真の撮影・現像・焼付、掛け軸や茶碗・箱などの美術資料の取り扱い方、展示に関わる切り文字やキャプション・パネルの作成、レプリカ作成などが行なわれている。実習館で必要な資料作成の意味もあるが、資料を取り扱う技術の一端を紹介することに中心はあるようだ。そこから実習生の扱いはお客さん型になるだろうし、実習中のスケジュールはしっかりと決められることになる。

②行事補佐型の実習

　実習を夏休みに実施する館が多いが、この時期は博物館でも体験学習会や自然観察会、親子教室などの特別な行事が計画されていることが多い。そこで実習をこうした行事と結びつけて実施し、行事に参加する子どもたちなどの指導の補助をする役割が与えられるものである。館の人手不足を補う意味もあるのだろうか。こうなると準職員扱いである。

③特別展等の展示準備、実習生の手になる展示計画

　二つ並べてしまったが実習生の役割は別である。どちらも展示に直接かかわるという意味では共通するが、前者は極端に言うと労働力としての実習生で、後者は学芸員予備軍としての実習生という扱いがされる。前者は準職員、後者はお客さん的になろう。後者の場合、展示コーナーを設けてくれて資料を展示するところまで行なう館と企画立案とその検討にとどまる館がある。

④資料整理実習

　実技体験とは別で、実習生を使って滞っていた資料の整理を少しでも進めよう、という仕事である。内容は新聞記事の切り抜き、図書整理、図書や資料のカードの作成、郵便物の処理、やがて行なわれる企画展などに必要な資料の整理など、様々であるが、この作業では完全にボランティア・無償のアルバイト扱いの考え方になる。その日のうちに仕事が終らなければ「残業」もあることだろう。

⑤講義による実習

　実習開始時に実習生を一部屋に集めてその館の概要や館の事業などについて話をしている館が大部分である。それぞれの博物館での事情など、大学での博物館学概論でされる一般的な内容と違って、生の個別の問題などが語られるので、それなりに実習生には影響を与えるようだ。実習生の扱いはお客さん型になり、スケジュール通りにおこなわれる。

⑥他施設の見学

　分館とか他の博物館の見学、レプリカ作成実習や画廊を回ることを実習に組み入れているところもある。半日を費やすとか、一日の実務を終えてから出かけるところもある。単なる見学ではなく、博物館員としての目で見られるようだといいのだが。

⑦そ　の　他

　博物館でのごく日常的な実務に携わることをあげる。展示室の清掃、ガラス拭き、館内の巡視、温湿度計の点検、受付業務や展示室内での解説活動への参加、売店での仕事、などである。実習生は準職員として扱われる。

　以上のように分類してみたが、細かい内容を見るとこの中には、大学でも経験できることと、実習でしか経験できないことがある。またはたして実習という枠の中で行なうことが適当かどうかということもある。できたら、大学ではできないことを実習で経験させていただきたいものだ。では何が大学でできて

何ができないのか、を明確にする必要があるが、これは現状では大学によってその幅は極端に広い。学内実習のような形で実習の事前指導的なことはされていない大学も多いし、現行の博物館法施行規則ではその定めはない。この点大学側の組織と、博物館側の組織とで、よい学芸員を養成するために何が必要なのかを話し合う必要がある。写真関係や資料の実測などの実技指導的なことは、そのすべては無理としても、大学での学内実習で教室を使って実施できる。お茶の水女子大学では、春休み中に学内実習を実施しているが、そのなかでは担当者が考古学の出身ということから可能な実技指導、すなわち写真関係、拓本とりと裏打ち、土器の実測などを経験させている。ただ、掛け軸や茶碗の扱いなどの古美術品については対応できていない。また時間の都合から展示作業に関することもできない。

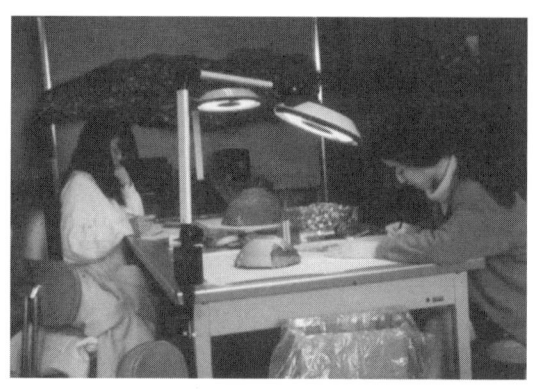

学内実習風景1

学内実習風景2

学内実習風景3

この点実習館で事情を聞くと、別に事前に経験していてもいなくともどちらでも良い、という反応がほとんどである。

また、講義の中で取り扱われる内容は、それぞれの博物館での事情や活動の説明が多いようだが、既に大学で聞いてきたような概説的な話がされることもあるようだ。博物館学概論的な内容はいらないのではないか。もちろん実習生が何もわかっていないから改めて概論が必要だ、という批判のあることは甘んじて受けるが、そのような学生は実習に出さないように努めたい。

もう一つ問題にしたいのは、実習の大部分を講義形式ですませることのあることだ。実習は博物館が主体となり責任を持って行なわれる以上、その館が最も良いと考える方法が取られるのだろうが、講義形式だけで実習を終わらせるのでは実習と言えるのだろうか。実習に何が必要か、について筆者の私見を述べれば、短期間の実習で博物館の仕事の全てを理解しろとか経験しろとかいうのは不可能であるから、一日中学芸員のうしろにくっついて歩くことが一番いいのではないかとも思うが、それは極端なこととして、細かい取捨選択はあるにしても上にあげた①-⑦の項目のどれもが必要であると考える。ただ避けてほしいのは、どれかに重点を置いた実習になるのは良いとしても一つだけに実習の大部分が費やされる形である。講義ばかりだった、資料整理にほとんどをすごした、では不満である。実習生が多いから短期間で講義形式にならざるをえない、日常の業務で追われてしまって満足な資料整理ができないから実習生のいる間に少しでも整理を進めたいというような事情のあることは承知しているが、実習は博物館の後継者を作っていくために博物館が関与する場面ではないだろうか。そうしてみると、実習をある程度満足する形で実施するには、1週間程度ではすすくなくなるのではないか。2週間でもどうだろうかと思うくらいである。

おわりに

繰り返しになるが、学芸員の養成は大学の手だけで行なえるものではない。仮に大学に実習のための施設が設けられたとしても、学外の博物館の現場での実習も絶対に必要である。博物館は後継者の養成という観点から、実習の実施には積極的にかかわりを持っていただきたいのである。

4　考古学と博物館

1 野外博物館の効用
―― 遺跡を活用する視点から ――

はじめに

　最近数年間にわが国に設置された博物館は夥しい数(1)である。国や地方自治体の政策、館の設置についての国の積極的な補助金の交付、国民全般の中流階層意識化、経済成長に伴なう開発行為の中で失われていく多くの民族遺産への愛惜の念など、その要因はいくつもあげられよう。

　では現在わが国にはどのくらいの数の博物館があるのか、具体的数字をあげてみよう。日本博物館協会の調査によると、1982年3月31日現在、類似施設も含めた博物館数は2,165館に及び、10年前に比べて1,000館余り増加している。2,165館のうち、登録博物館と博物館相当施設はそれぞれ370館と213館で合計583館、26.9％を占めているだけで、残りの3／4近くは厳密には博物館とは呼ぶことのできない類似施設なのである。先にあげた10年間の館数の増加は大部分がこの類似施設の増加なのである(2)。同じような資料をもち、同じような活動もする同じような性格の施設でありながら、わが国の博物館体系の根幹となる博物館法の適用を受けるものとそうでないものとが併存し、しかも後者が圧倒的多数を占める状況は、博物館法制定当初からの問題点でもあり、今日さらにその矛盾が広がってきている。博物館の利用者にとっては法の下にある館とそうでない館の見分けなどできないし、またその違いによって利用法を変えるなどということもあるまい。名称は違っていても博物館的なものはあくまでも博物館として考え利用するであろう。ことに1970年以降、文化庁では「歴史民俗資料館」の建設に対し補助金を交付し、その設立を積極的に進めている(3)が、この存在は博物館体系の上から、また博物館の役割の一つでもある社会教育面からも大きな問題として、いつか改められなければなるまい。このような「文化施設」は建物として後に残るだけに自治体の首長にとっては宣伝効果の大きな事業でもあり、資料館は博物館法の適用を受けないが故に専門職員たる学芸員の配置の必要もないと考えられるのか、極めて安易に建物が作ら

れている。文化庁の補助金も当然のことながら建物建設に関するもので人員の配置まで面倒は見ていない(4)。多くの博物館が博物館法のもとで社会教育機関として学芸員を中心に積極的な活動を展開し、旧来の博物館のイメージ、すなわち「博物館行き」ということばに象徴されるような、古くて役に立たないものや骨董品のならべられている場所、というようなイメージを改めさせつつある今日、これと逆行する、言ってみれば物置としての資料館の設置を国が推進していることは、博物館活動にとって大きな障害である。「歴史民俗資料館」と名を掲げている館だけをみると、1983年3月31日現在198館を数えるが、このうち登録博物館となっているのは魚津市立歴史民俗資料館と大分県立宇佐風土記の丘歴史民俗資料館、愛媛県立歴史民俗資料館の3館、博物館相当施設の指定をうけているのは、昭和町歴史民俗資料館（秋田県南秋田郡）、岐南町歴史民俗資料館（岐阜県羽島郡）、国東町歴史民俗資料館（大分県東国東郡）、読谷村立歴史民俗資料館（沖縄県中頭郡）の4館があるだけである。たとえ「〜資料館」という名称であっても、そこでおこなわれることは資料の収集・保管をはじめとして博物館のそれと大差ないのであり、ここにも専門職員たる学芸員を配置し、大衆のための積極的な活動が期待されなければなるまい。

　さて、こうした施設を建設する際には、建設地にも考慮が払われることは当然である。歴史・民俗関係の資料を主に扱う館は何らかの由緒ある土地を選んでいることが多いようで、土地の選ばれ方のタイプを分けてみると、
　① 市内（町内）の中心地。すなわち、市役所や町役場に隣接していたり、文化センター地区に設けられる。
　② 古い歴史的建造物などを入れ物として利用。
　③ 小中学校の統合などで空いた土地や建物を利用。
　④ 遺跡や城跡など、歴史的に由緒ある土地を選んで設置。
　⑤ その他
となろう。1982年中に開館した博物館のうちで歴史系の館は47館あるが、これを上の分類にあてはめてみると、① 13館、② 7館、③ 2館、④ 10館、⑤ 15館（不明も含む）である。①では、国指定史跡に隣接して設置されるものの他、市町村段階での指定史跡に設けることもしばしばみられる(5)。本稿ではこうした遺跡に立地する博物館、なかでも考古学的遺跡や史跡における博

物館を野外博物館としてとりあげ、遺跡の利用・史跡の活用の観点から博物館の役割を考察していこうとするものである。

（1） 野外博物館について

わが国の博物館学の父と呼ばれる棚橋源太郎は、その著書『博物館学綱要』(6)で、博物館の種類を述べる中で、陳列の場所による種類、として次のように述べている。

> 古い家屋・記念建造物のやうな民俗学資料・史蹟・考古学的遺跡・巨大な彫刻・天然記念物などで、博物館へ持ち込めないもの、或はそのまま原地に保存することを必要とするものは、これを博物館の附近へ移して来るなり、或は現在の場所で展観に供するより外はない。（中略）かうした戸外の陳列を、一般に戸外博物館（Outdoor museum）と総称してゐる……。

この「戸外博物館」が野外博物館で、棚橋は具体例として、民俗園、考古学園、文化史戸外博物館、地学園の名をあげている。野外博物館そのものの定義・説明はこれで充分であろう。要するに展示資料を屋外に陳列した博物館をいうのである。棚橋は野外(7)陳列に、建物などの資料を一ヵ所に集めて陳列するものと、資料の「出現発掘の原地にそのまま保存展観」するものの二者をあげ(8)、前者はスウェーデンのスカンセン野外博物館を例とし、後者には、「考古学園」として登呂遺跡やモヨロ貝塚、「文化史戸外博物館」としてポンペイ、平城宮跡、藤原宮跡、「地学園」として米国の国立公園に設置されているもの、をあげている。野外博物館は資料をそれがもともと存在した環境や雰囲気の中に置けるという特点があり、資料によっては一般の博物館におけるよりもその活用に有効であり教育的効果も大きいところがある。

もともと野外博物館は、スカンセン野外博物館が始まりとされ、これは1891年にオープンした、スウェーデン各地の民家を中心とした建物を一ヵ所に集めて移築し、建物を見せるだけではなくてそこでの生活の様子もそのままに再現してみせる博物館であり、わが国のいくつかの野外博物館はここをモデルとして建設されている。この種の野外博物館は資料の移動と集合が前提となって設置される博物館であるが、棚橋のあげた後者のタイプ、すなわち鈴木昭英のいう第一次的野外博物館では資料の移動はあり得ず、資料の存在する場所が博物

館となる。野外博物館をその資料によって分類してみよう。

a．民家など、地上の建造物を資料とする野外博物館

広い敷地内に建物を移築してきて展示し資料とするもので、博物館明治村や豊中市の日本民家集落博物館に代表されよう。本来建物だけでなく、建物の内部にも考慮を払って、あたかも今そこで人が生活しているかの如く展示され、また見物人も建物の中に心身とも入りこめるような配慮がされることが望ましい(9)。博物館の敷地内に1～2軒の建物（多

表11　野外博物館（遺跡博物館を除く）

館　　名	所　在　地	主　な　資　料　そ　の　他
北海道開拓記念館開拓の村	北海道札幌市	北海道開拓時代の建物18棟（開村時）と当時の情景。
福島市民家園	福島県福島市	福島県内の代表的民家6棟。
三渓園	神奈川県横浜市	室町時代～江戸時代の古建築物。重要文化財9棟を含む。
川崎市立日本民家園	神奈川県川崎市	東日本の特色ある民家など17棟。
百万石文化園江戸村	石川県金沢市	江戸時代の加賀藩ゆかりの代表的建築物など20棟。
博物館明治村	愛知県犬山市	明治時代の建築物など。
人間博物館リトルワールド	愛知県犬山市	世界各地方・民族の家屋敷を、生活を生の形で伝えるよう展示。
白川郷合掌村	岐阜県白川村	旧民家4棟を含む合掌造り13棟。
下呂温泉合掌村	岐阜県下呂町	重要文化財大戸家住宅などの合掌造り住宅4棟。
飛騨民俗村	岐阜県高山市	飛騨各地の古い民家など61棟を村落形態に復元。
日本民家集落博物館	大阪府豊中市	日本各地の代表的民家11棟を民具と共に保存・展示。
奈良県立民俗博物館	奈良県大和郡山市	奈良県下の代表的民家。現在2棟で完成時には約30棟。
四国民家博物館	香川県高松市	四国各地の民家や独特の建築物11棟。四国村という。
グラバー園	長崎県長崎市	幕末から明治にかけての洋風建築13棟を移築予定。
仁別森林博物館	秋田県秋田市	秋田スギ天然林。
浅間火山博物館	群馬県長野原町	浅間山の活動に関する資料。鬼押出し。
宮崎自然博物館	富山県朝日町	鹿島樹叢（天然記念物）など。
龍河洞博物館	高知県土佐山田町	鍾乳洞の龍河洞。
環境庁箱根ビジターセンター	神奈川県箱根町	富士箱根伊豆国立公園の箱根。
山梨県立富士ビジターセンター	山梨県河口湖町	富士箱根伊豆国立公園の富士山関係。
彫刻の森美術館	神奈川県箱根町	近代～現代に至る彫刻・版画・絵画。屋外に彫刻200点を展示。
美ケ原高原美術館	長野県武石村	現代彫刻約150点を屋外に展示。
宇部市野外彫刻美術館	山口県宇部市	「現代日本彫刻展」の受賞作品。

くの場合民家）を移築して展示をする一般の博物館が増えている(10)。
 b．自然現象を資料とする野外博物館
　　森林や火山活動、鍾乳洞などの自然現象や自然そのものが資料である。国立公園内に設けられているビジターセンターも(11)、その働きからいって野外博物館の一施設としてみなせよう(12)。
 c．野外彫刻博物館
　　野外に彫刻作品を展示する美術館である。野外にだけ作品が置かれるとは限らない。また一般の美術館でも屋外に作品を展示することも多い。
 d．遺跡に立地し、または近接して設置された野外博物館
　　野外博物館の中では最も多い。姫路城などの近世城郭をそのまま博物館としたものもここに含められようが、大半は遺跡の発掘調査によって出土した遺物や遺跡そのものを博物館資料とするもので、遺跡博物館と呼ばれることがある。本稿でとりあげる野外博物館はこの種のもので、これらが設置される背景には遺跡の保護・活用という現代社会の中での重要な問題が含まれている。

　以上、野外博物館を4種類に分けてみたが、bとdが第一次的野外博物館である。dの遺跡博物館はあとでとりあげるので、a～cに属する野外博物館をまとめて表11に示した。

（2）　遺跡の保護・保存と活用

①遺跡の保護・保存

　近年の「発掘ブーム」については今さらとくにとりあげて述べることはしないが、遺跡の発見成果がマス・コミに報道されない日は3日と続かないのではあるまいか。発掘件数をみても、1981年度に届け出られた発掘調査は、11,773件、10年前の1971年は1,275件、20年前はわずか408件、である。1981年度におこなわれた発掘調査のうち、学術調査は196件（1.7％）で、ほとんどすべてが調査後破壊されることを前提とした、開発行為に先立つ発掘調査なのである。調査の結果によってその遺跡の運命が決められる、ということは極めて稀で、調査の結果その遺跡の重要さが明らかになっても余程のことがない限り既定方針通り調査後破壊されてしまう。例を長野県内を通る中央自動車道にとろう。この

高速道路の建設に際し、長野県内で路線予定地にかかって事前に調査された遺跡は、193遺跡、282,579㎡に及び、37冊、合計10,222ページもの調査報告書を残した(13)。このうち、192ヵ所の遺跡は予定通り調査後破壊されて道路となり、たった1遺跡、大規模な保存運動の湧き上がった原村阿久遺跡だけが破壊をまぬがれ、大部分が道路の下になってかろうじて保存されたのである。保存されたとはいえ、こわされなかったというだけで中央自動車道の存在に変化のない限り、この遺跡の全容をもう一度見ることはできないわけで、その意味ではこわされたのと大して変わりはない(14)。

　阿久遺跡のように道路建設等の開発工事に際して事前調査され、調査の結果その遺跡の重要性が認められ保存されることになった遺跡は、多くの場合国の史跡に指定され、法的にも保護されるようになる。1981年3月指定の山梨県金生遺跡、1983年3月指定の千葉県上総国分尼寺跡の一部、などはこうした形での史跡指定である。「史跡」とは、文化財保護法第2条と第69条によって定義づけられ、「貝づか、古墳、都城跡、城跡、旧宅その他の遺跡で我が国にとって歴史上又は学術上価値の高いもの」(第2条)である「記念物のうち重要なもの」(第69条)をいい、文化財保護審議会の答申を得て文部大臣が指定し、史跡に指定されると以後の現状変更は厳しく制限されることとなる。わが国の文化財保護策は、明治以来一貫して指定主義・重点保護の立場をとり、遺跡についても「価値の高さ」を決定した上で保存するか否かが判断されている。このことは「価値の高さ」の認められない遺跡（そのような遺跡がはたして存在するのかは疑問だが）は調査をすればこわしてしまってもよいという理屈になる。ここで問題は、「価値の高さ」を一体誰が認定するのか、という点である。今ここで遺跡の保護問題に深入りする余裕はないが、重要性が認められて一旦は県指定史跡にもなり、調査の結果国指定史跡となっても少しも不思議でなかった静岡県伊場遺跡は、国鉄の電車基地建設のために指定を解除され、行政当局の極めて強い意志のもとに破壊されてしまったし、先に例をあげた中央自動車道の建設に際しても、阿久遺跡に比べてその価値の高さにおいて決してヒケをとらない山梨県釈迦堂遺跡は既定方針通り主要部分を失ってパーキングエリアとなっている。阿久1ヵ所を「生かす」ことで他の遺跡はすべて「殺された」とも言えるのが中央自動車道関係遺跡の調査結果なのである。これと似た

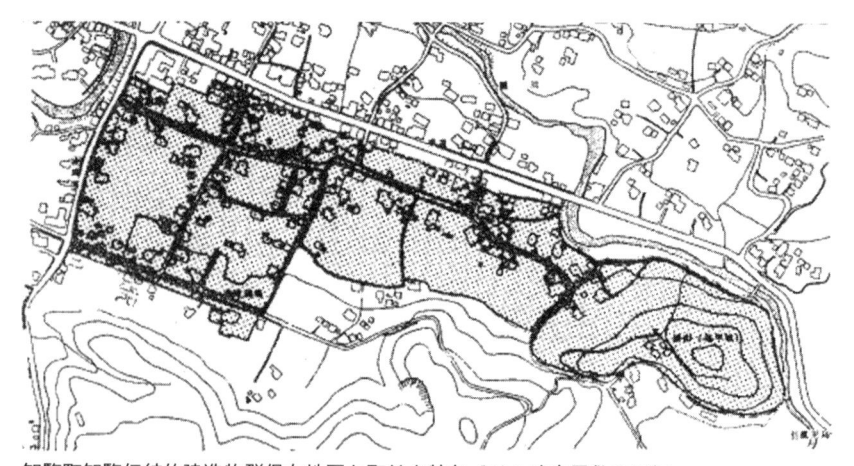

知覧町知覧伝統的建造物群保存地区と町並を特色づける武家屋敷の石垣
（『月刊文化財』221・23頁の図に、観光資源保護財団1975『知覧』を参照して加筆）

ことは現在各地でとられている文化財保護策の中でしばしば見受けられる。一例をあげよう。鹿児島県知覧町知覧は江戸時代に薩摩藩の外城が作られ、今日まで当時の武家屋敷の庭園や道路に沿った石垣や生垣が残っており、1981年11月、重要伝統的建造物群保存地区に選定された（図）。保存地区として線引きされた内側は、電柱は撤去され、石垣も整備され、門構えも復元されて整備・保存の実があがり、当地を訪れる人々に江戸時代の町並みを歩いているかの如き錯覚を与えてくれるほどである。しかし、保存地区の外側に残されていた武家屋敷の石垣や門構えは、これと引き換えるように、道路の拡幅などの工事によって取り払われていた。町の中の最も保存の良い一角の、線を引いた内側だけを残し、それ以外は保護しない、むしろ壊してしまうようなあり方は、これが正しい文化財保護行政のあり方であろうか。遺跡においてもまた然り。千葉県犢橋貝塚は、東京湾岸に形成された大馬蹄形貝塚遺跡

犢橋貝塚（考古学雑誌67-4，1982より）

の一つであるが、住宅団地造成に伴って貝層分布区域のみ緑地公園として残っているが、その周辺は全く削平されていて遺跡の正しい姿をもはやつかむことができない（図）。しかも団地造成以前に削平する部分の調査が完全にされたという話は聞かない。形だけ、最も目立つところだけを保存して、そこに保存の本当の意味があるのであろうか(15)。

②遺跡の活用

　遺跡の保存は、史跡に指定され破壊される心配がなくなればそれでよい、というものではない。遺跡を積極的に活用してこそ、現代社会における遺跡保存の意義もでてくる。

　国の史跡として指定された遺跡に対して、1964年度以来、国は史跡指定地の買上げ、公有地化を重点施策としてとりあげ、公有地となった史跡の「環境整備」＝史跡公園化を推進している(16)。この間の情況については、担当官庁である文化庁にあってこれらの事業をおこなった安原啓示が繰り返し発言をしている(17)。

　ところで、史跡の保存については、そのあり方をめぐって2つの対立した考え方がある。一つは、史跡に指定され保存が決定したならば、指定された時のままにして手を加えずに保存し、そこに立った人が自分でイメージをふくらませる余地を多く残しておき、「遺跡を保護することと、保護した遺跡をいじくりまわすことは同じではない。自然に近い姿で遺跡を見るところに自らなる学習ができる」(18)とする考え方であり、もう一つは、史跡にそれなりの整備を施し、史跡公園化して誰にでもその史跡を容易に理解できるような工夫をすべきだ、という考え方である。今日進められている史跡の整備事業が後者の立場に拠っていることは言うまでもない。遺跡の整備に関する行政面での背景を、安原啓示は次のように説明している(19)。

> 昭和三十年代後半になって経済の高度成長の時代を迎えると、土地はその歴史性におかまいなく、面積が投機の対象になり（中略）少数の保存側が必死の思いで確保した遺跡地は、周りから土地の経済価値に見合うぐらいの活用を考えろと迫られる。こうして「遺跡を整備すること」は、法律に規定されていなくても行政面で実施せざるをえなくなり、現在に至ってい

るわけである。

　遺跡を保存するために所有者から買い上げて公有地化し、社会に還元するためにも遺跡を活用するための整備が必要となったわけである。またこの史跡の整備事業は、歴史への郷愁の中にだけあった遺跡が、都市という現代の人間の生きる生活空間の中でとりあげられるようになったという点で、遺跡の保存に関して、いかに時代の要請とはいえ、画期的な方向転換といえよう。遺跡が緑地として、また公園として積極的に都市計画の中に組みこまれていくようになったのである[20]。

　ところで、現在文化庁の進めている史跡の整備事業は、「環境整備」という名のもとにおける史跡公園化にとどまっている。史跡の環境整備とは、安原啓示の定義によると、

　　史跡の構成要素である遺構の保存を図りつつ、それらを史跡の特性に即して一体としてまとめ、国民一般の活用に供することができるよう必要な整備を行なうこと[21]

である。当初史跡公園造成費として予算を要求したものが、公園行政との関係で史跡等環境整備費と名を変えたといういきさつもあり、環境整備という名のもとに行なわれる事業は史跡公園造成と同じなのである[22]。

　ところで、史跡となった遺跡を公有地化し、そこを史跡公園として整備することは、はたして遺跡の「活用」なのであろうか。その遺跡自体の歴史の中のある一時期を選んで固定し整備して公園として利用するだけでは活用とはいえないのではあるまいか。遺跡の整備に際しては常に問題となること[23]であるが、普通はある遺跡から単一の時期だけの遺物や遺構がでてくるということはほとんどないのであり、また時間的に複合した遺跡であるからこそ歴史の復原に大きな力となった例も少なくないわけで、その遺跡のいつの時点を整備して残すのか深く検討されなければならない。

　千葉県市原市にある上総国分尼寺跡は、宅地造成及び道路建設で破壊される部分を除いて1983年3月に国の史跡に指定された[24]が、この尼寺の寺域内南西部には、縄紋時代中期から晩期にかけての遺跡である祇園原貝塚があり、弥生時代の住居址も発見されている。見方を変えて現代風に言うと、奈良時代の人々は、先史時代の遺跡である祇園原貝塚の存在する場所に尼寺の敷地を求

め、これを破壊して国分尼寺を建設した、ということになる。現在まだ尼寺跡の調査は継続中であるが、将来、史跡である国分尼寺跡の「環境整備」がおこなわれることであろうが、その際、上総国分尼寺跡としての史跡指定だからといって尼寺に関する整備だけがおこなわれるのではこの遺跡の実態を知らせしむるには片手落ちと言わねばならない。尼寺以前に存在した祇園原貝塚、すなわち縄紋時代、弥生時代の集落についても何らかの考慮が払われるべきであろう。この貝塚は大半は宅地造成や道路建設などで消滅してしまうが、縄紋時代後期から晩期への住居の構造の変遷がよく見られたり、50体にも上ろうかという埋葬人骨群や特殊な埋葬形態など、なかなか捨て難い重要な調査成果をもたらした遺跡であり(25)、この存在を切り捨てて尼寺跡だけの整備を図るのでは尼寺の環境を考えるうえにも正しい整備とは言えまい。しかし、現実には、この2つの時間の異なる遺跡は同じ場所に重なっているのであり、どちらか一方が、この場合には尼寺跡が優先して整備されることになろう。史跡として指定されたのは尼寺跡としてであって祇園原貝塚としてではないからである。尼寺跡として整備してそのうえ祇園原貝塚を切り捨てないための解決策の一つとして考えられるのは、この遺跡を説明するための博物館を史跡公園の一画に設置することである。ここに貝塚の様子・出土遺物や遺構の状況を展示して尼寺跡と貝塚の関係を明示しておけばよいのである(26)。ただ、博物館を設置するといっても博物館自体の立地条件や、そのためにある程度の面積の確保の必要など、直ちにこの地に博物館を作るのは難しいかもしれない。その場合には資料館としてもよいし、別の場所に作られるであろう博物館の分館でもよい。どのような形でも、遺構や遺物を展示できるような施設が必要である。そしてこの博物館的な施設を中心にして遺跡を資料とする野外博物館という観点で史跡とその周辺の整備をおこなえば、単なる史跡公園にとどまるよりははるかに有効な史跡の活用が図られよう。

　将来環境整備事業がおこなわれ史跡公園化が図られるであろう市原市上総国分尼寺跡を例として遺跡における整備する時間の選択のしかた、博物館の役割の一端をみたが、現在進められている史跡の環境整備事業は、資料館や博物館の建設とは切り離されているようである。もとより史跡指定地内は、現状の変更に関して厳しい制限が加えられるので、資料館等の設置は最初から考慮し

姥山貝塚

ていないところもある。しかし、整備して史跡公園とし、立札や説明板を設けることはもちろんであるが、地下に埋もれた遺構の存在をコンクリートブロックや置石、立木などで表示したり、建物の基壇を盛り土や芝を貼って示したり、貝塚の場合貝層の分布範囲を縁石で囲って示す、などの方法をとっても(27)やはり実物や写真をもって説明することの方がはるかにわかりやすいし、説得力もある。遺跡博物館として活動の実をあげている千葉市加曽利貝塚博物館と、現在整備の進められている市川市姥山貝塚を比べてみるとこのことは一層明らかとなろう。姥山貝塚は古くから調査され、わが国の考古学史上重要な貝塚であり、昔からの調査地点ごとに調査の様子や成果を示す説明板が置かれ、貝層の分布は低い石垣で示されている（写真）。一方加曽利貝塚も学史上の位置は姥山貝塚に劣らない。ここでは学史もさることながら貝層断面の保存施設(28)と住居跡群保存施設が設けられ、発掘によって明らかとなった貝層の様子や住居跡の有様を実物で見せている。どちらが有効であるのか、今さら論ずるには及ぶまい。「遺跡の活用」は、単に修景的整備・史跡公園化にとどまらず、そこに博物館的な施設を設け、これと一体化して野外博物館＝遺跡博物館として

1 野外博物館の効用 153

加曽利貝塚博物館の住居跡群保存施設

加曽利貝塚博物館と史跡公園

表12 遺跡博物館

博物館名	所在地	資料となる遺跡	国指定史跡
綱走市立郷土博物館分館モヨロ貝塚館	北海道綱走市	最寄貝塚	○
標津町歴史民俗資料館	北海道標津町	標津遺跡群 伊茶仁カリカリウス遺跡 古道遺跡	○
八戸市立歴史民俗資料館	青森県八戸市	是川遺跡	○
江釣子村民俗資料館	岩手県江釣子村	江釣子古墳群	○
東北歴史資料館	宮城県多賀城市	多賀城跡	○特別史跡
山王考古館	宮城県一迫町	山王囲遺跡	○
大湯環状列石理蔵文化財収蔵庫	秋田県鹿角市	大湯環状列石	○特別史跡
秋田城跡出土品収蔵庫	秋田県秋田市	秋田城跡	○
埼玉県立さきたま資料館	埼玉県行田市	埼玉古墳群	○
市立市川考古博物館	千葉県市川市	堀之内貝塚	○
千葉市加曽利貝塚博物館	千葉県千葉市	加曽利貝塚	○
千葉県立房総風土記の丘資料館	千葉県栄町	竜角寺古墳群・岩屋古墳	
西の城貝塚保存館	千葉県神崎町	西の城貝塚	
国分寺市文化財保存館	東京都国分寺市	武蔵国分寺跡	○
町田市立博物館	東京都町田市	本町田遺跡	
横浜市三殿台考古館	神奈川県横浜市	三殿台遺跡	○
静岡市立登呂博物館	静岡県静岡市	登呂遺跡	○特別史跡
浜松市博物館	静岡県浜松市	蜆塚遺跡	
浜松市伊場遺跡資料館	静岡県浜松市	伊場遺跡	
山梨県立考古博物館	山梨県中道町	(上の平遺跡)銚子塚古墳・丸山塚古墳	○
坂井考古館	山梨県韮崎市	坂井遺跡	
上田市立信濃国分寺資料館	長野県上田市	信濃国分寺跡	○
蓼科考古館	長野県茅野市	城の平遺跡	
平出遺跡考古博物館	長野県塩尻市	平出遺跡	○
岡屋考古館	長野県岡谷市	岡谷遺跡	
大深山考古館	長野県川上村	大深山遺跡	○
尖石考古館	長野県茅野市	尖石遺跡	○特別史跡
井戸尻考古館	長野県富士見町	井戸尻遺跡	○
井波歴史民俗資料館	富山県井波町	高瀬遺跡	
峰一合遺跡中部山岳考古館	岐阜県下呂町	峰一合遺跡	

1 野外博物館の効用　155

館名	所在地	遺跡	備考
美濃国分寺考古館	岐阜県大垣市	美濃国分寺跡	○
愛知県清洲貝殻山貝塚資料館	愛知県清洲町	貝殻山貝塚	○
馬見塚出土品陳列館	愛知県一宮市	馬見塚遺跡	
名古屋市見晴台考古資料館	愛知県名古屋市	見晴台遺跡	
京都府立丹後郷土資料館	京都府宮津市	丹後国分寺跡	○
東大阪市立郷土博物館	大阪府東大阪市	山畑古墳群	
田辺廃寺跡発掘埋蔵文化財収蔵庫	大阪府柏原市	田辺廃寺跡	○
奈良国立文化財研究所平城宮跡資料館	奈良県奈良市	平城宮跡	○特別史跡
高松塚壁画館	奈良県明日香村	高松塚古墳	○特別史跡
橿原市千塚資料館	奈良県橿原市	新沢千塚古墳群	○
和歌山県立紀伊風土記の丘資料館	和歌山県和歌山市	岩橋千塚古墳群	○特別史跡
尼崎市立田能資料館	兵庫県尼崎市	田能遺跡	○
岡山県立吉備路郷土館	岡山県総社市	備中国分寺跡・国分尼寺跡・作山古墳・造山古墳	○
広島県立歴史民俗資料館	広島県三次市	浄楽寺・七ツ塚古墳群	○
帝釈郷土館	広島県東城町	帝釈峡遺跡群	一部○
島根県立八雲立つ風土記の丘資料館	島根県松江市	出雲国分寺跡・出雲国府跡など	
玉作湯神社出雲玉作阯出土品収蔵庫	島根県玉湯町	出雲玉作跡	○
大社町立猪目洞窟出土品収蔵庫	島根県大社町	猪目洞窟遺物包含層	○
土井ヶ浜考古館	山口県豊北町	土井ヶ浜遺跡	○
郷台地遺跡資料館	山口県下関市	綾羅木郷遺跡	○
龍河洞博物館	高知県土佐山田町	龍河洞遺跡	○
美川村上黒岩遺跡考古館	愛媛県美川村	上黒岩岩陰遺跡	○
九州歴史資料館	福岡県太宰府市	太宰府跡	○特別史跡
飯塚市立岩遺跡収蔵庫	福岡県飯塚市	立岩遺跡	
田平町立里田原歴史民俗資料館	長崎県田平町	里田原遺跡	
大分県立宇佐風土記の丘歴史民俗資料館	大分県宇佐市	川部・高森古墳群	○
宮崎県総合博物館西都原資料館	宮崎県西都市	西都原古墳群	○特別史跡

の機能を持たせてこそ大きな効果のあがるものである。史跡においても、平城宮跡や太宰府跡、多賀城跡などには資料館が設置されており、また後で触れる各地の風土記の丘にも資料館が設けられて野外博物館となって大きな効果をあげている。たとえ小さな遺跡であっても活用を考えるときには野外博物館の観点から整備の図られることが望ましい。

わが国における、遺跡と博物館を一体化させた野外博物館、また遺跡に隣接して設けられ遺跡を資料としている館は表12に示す通りである[29]。この中には文字通り野外博物館として遺跡を活用している館もあるが、遺物の収蔵庫として設けられ、わずかな展示機能をもつだけのところもある。しかしそれでも遺跡の活用という点からみた時には、遺跡が保存され公園となっているだけよりは有効であると考える。

③風土記の丘

遺跡の保護・活用を考える時、各都道府県毎に建設される風土記の丘についても触れておかねばなるまい。

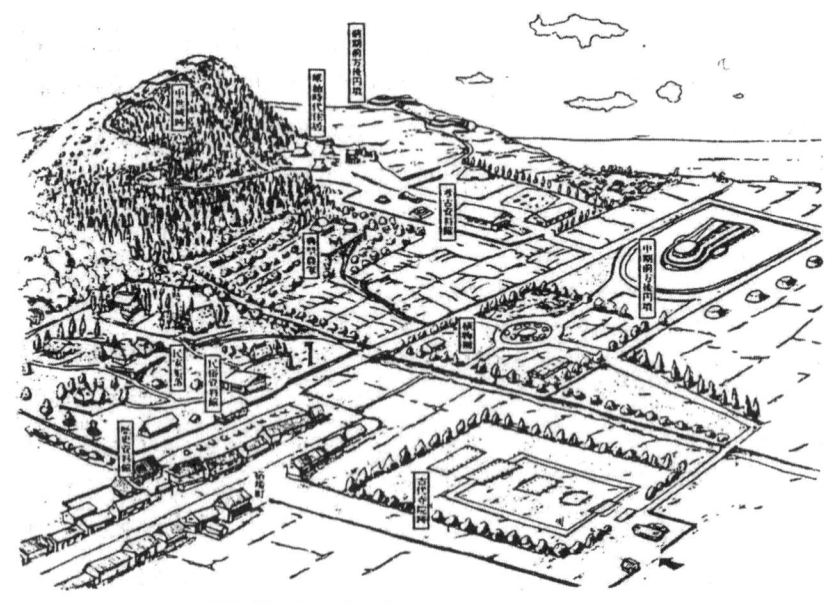

風土記の丘モデルプラン （註(30)安原1973より）

風土記の丘の計画は、歴史的風土と遺跡の広域保存、遺跡の環境整備による史跡公園化事業、及び開発に伴なう発掘調査等による多量の出土遺物や民俗資料の散逸を防ぐための収蔵保存施設建設のための国の補助事業とが結びついて立案され実行されてきたもので、具体的事業は、1979年の「風土記の丘設置要項」によると、
  1）公有化による用地の確保
  2）用地内の各遺跡等の環境整備
  3）資料館等の建設
が柱であり、モデルとして図が示されている。各都道府県に1ヵ所ずつ建設されることになっているが、1968年に完成した宮崎県西都原風土記の丘以来、現在までに完成または整備の進んでいる風土記の丘は表13に示す12府県である。風土記の丘計画についても安原啓示の紹介文がいくつかあり[30]、行政側の考え方はこれらでよく示されている。風土記の丘は、遺跡をその周辺の環境とともに広域的に保存するための方策の一つとして始められたものであったが、その設置場所の選択にあたり、

　　結局は、いくつかにしぼった候補地のうちから保存状況のよいもの、開発
　　規制や保存措置のとれやすいものというきわめて現実的な基準[31]
が持ち出されるに至り、もはや遺跡保存のための方策としては何ら意味をもた

表13　風土記の丘一覧表

設置県	名称	所在地	
埼玉県	さいたま風土記の丘	行田市	史跡埼玉古墳群
千葉県	房総風土記の丘	印旛郡栄町	史跡岩屋古墳、龍角寺古墳群
山梨県		東八代郡中道町	史跡銚子塚古墳、上の平遺跡
富山県	立山風土記の丘	中新川郡立山町	立山信仰の遺跡
滋賀県	近江風土記の丘	蒲生郡安土町	特別史跡安土城跡、史跡大中の湖南遺跡
和歌山県	紀伊風土記の丘	和歌山市	特別史跡岩橋千塚古墳群
大阪府		南河内郡河南町	一須賀古墳群
岡山県	古備路風土記の丘	岡山市、総社市	史跡造山古墳、同作山古墳、同備中国分寺・国分尼寺
広島県	三次風土記の丘	三次市	史跡浄楽寺・七ノ塚古墳群
島根県	八雲立つ風土記の丘	松江市	史跡出雲国府跡、同出雲国分寺跡、同岡田山古墳
大分県	宇佐風土記の丘	宇佐市	史跡川部・高森古墳群
宮崎県	西都原風土記の丘	西都市	特別史跡西都原古墳群

ぬものとなってしまったと言ってよかろう。また1県に1カ所という選択も仕方のないこととは言いながら極めて重大な問題を含むものである(32)。そしてたとえば古墳群の所在する地域内にこれと全く異質の民家を移築してきて保存しても、それで歴史的環境を保っていることになるのであろうか。風土記の丘は、遺跡の保存策としての意味を失ったからには、遺跡の活用の面での役割に活路を見出さねばなるまい。風土記の丘に設置された資料館は、野外博物館としての特性を充分に生かせる環境にあるのであり、今後その活動の充実が期待される。

おわりに

われわれの祖先の残した生活の跡である遺跡を、現代社会の中で有効に活用する一つの方法として、遺跡を野外博物館の観点から見直していくことを述べてきたが、残念ながら現代の日本においては、実は遺跡の活用を言う前に、何とかして遺跡を破壊から守ることが先決問題なのである。経済成長と開発という、いわば現代人のエゴから、今日までずっと伝えられてきた文化財たる遺跡を、なるべくならそのままの形で後世にまで伝えていくための努力がまず必要なのである。遺跡を活用することは遺跡保護を訴えるための役割も負っているのである。そのためにも、遺跡博物館の活動が、今日極めて重要となってきているのである。

註
(1) 博物館法に言う登録博物館、博物館相当施設の他、博物館類似施設も一括していう。すなわち、博物館の名を用いたものの他、美術館・動植物園・水族館・〜資料館・〜保存館・記念館・科学館なども含む。
(2) 1972年度794館→1981年度1,582館。
(3) 歴史民俗資料館・歴史資料館・民俗資料館などの名がつけられている。1983年度は41館分31,600万円が予算に計上された。
(4) 文化庁の木下忠は、いくつかの歴史民俗資料館の活動を紹介したうえで、「りっぱな施設を作っても、すぐれた人的配置がなされなければ、館の機能は十分に発揮できない。」と述べているが…。木下　忠1981「歴史民俗資料館の設置・運営」『月刊文化財』214

（5） 1980年11月開館の鹿児島県頴娃町立歴史民俗資料館は、町指定史跡頴娃郷地頭仮屋の跡、に建設された。
（6） 棚橋源太郎1950『博物館学綱要』
（7） 棚橋は「戸外」の語を用いている。
（8） 鈴木昭英は資料の移動の面から、後者を第一次的野外博物館、前者を第二次的野外博物館、と分けている。加藤有次他1972「（座談会）野外博物館と文化財保護」『博物館研究』45-1
（9） この場合、見物人のマナーも極めて重要な問題となる。たいていは土間にまでは入れるが、座敷に上がるといった行動は許されない。
（10） 宮崎県総合博物館では敷地内に古民家4棟を移築して、民家園としている。
（11） 富士箱根伊豆国立公園内の箱根と河口湖に設けられている。
（12） 佐々木朝登1970「ビジターセンターについて」『国立公園』252
（13） 長野県中央道遺跡調査会1981『中央道遺跡調査のあゆみ』
（14） 阿久遺跡は高速道路の下になった部分を除いて史跡公園化が計画されているが、道路をはさんで広がる遺跡をどのようにして結びつけるか思案中で、現在は遺跡地に出土品の収蔵庫が建てられているだけである。
（15） 犢橋のような保存のしかたを、文化財保護行政担当者は、「特筆すべきこと」としてあげている。児玉幸多他1967「（座談会）史跡の保存をめぐって」『日本歴史』227・228　児玉幸多・仲野　浩編1979『文化財保護の実務』
（16） 1983年度予算では1,168,700万円が計上された。
（17） 安原啓示1968「史跡等の「環境整備」について」『日本歴史』243　同1970a「史跡の保存と活用について」『国立公園』248　同1970b「観光空間としての史跡の役割」『観光』34
（18） 森　浩一1970「文化財行政への疑問　遺跡保護のあり方」『観光』33
（19） 安原啓示1979「遺跡の修景的整備」『文化財保護の実務』所収
（20） 犢橋貝塚は団地造成の中で計画的に緑地公園として確保された。
（21） 前掲（17）安原1970a
（22） 神戸市五色塚古墳は、環境整備によって古墳築造時の姿に近く復元され、われわれの持つ古墳のイメージからは大分離れたものとなっている。3段に築造された前方後円墳の最下段は芝が貼られているが、中段と上段は古墳全面を覆っていた葺石をあらわにして修景された。後円部の墳頂には本来は墳頂、上段テラス、中段テラスの3列に廻っていた埴輪を合成樹脂で製作してならべている。

墳丘上へは前方部と後円部の境付近に設けられたコンクリートの階段で上ることができる。周溝内の一画に管理棟があり、内部の壁などに発掘調査の様子や復元された埴輪などの写真のパネルや説明文がかけられている。駐車場が作られ、大型バスも駐車できる（神戸市教育委員会1982）。また、高崎市観音山古墳は、「石室の修理、外形の盛土整形、墳丘・中外堤の貼芝、周堀の砂利敷き」がおこなわれた（群馬県教育委員会1982）。この古墳を特徴づけるのは巨大な横穴式石室であり、解体修理されて入口には木製の格子の扉がつけられ、県教育委員会に申しこめば内部が見学できる。石室内より出土した遺物は、ここから歩いて15分程のところにある群馬県立歴史博物館で、石室の右半分のレプリカの中に置かれて展示されている。石室開口部のまわりに複製埴輪が13体据えられたが、筆者の見学時（1983年7月）には完全なものは1体もなく、6体は基部が残るだけという有様であった。野外に展示するものであるから、壊れにくい材質の選択がたとえ費用がかかっても必要であったのではないか。前述の通り、近くに群馬県立歴史博物館があり、ここと一体となっての史跡公園となっている。群馬県教育委員会1981『史跡観音山古墳—保存修理事業報告書—』神戸市教育委員会1982『史跡五色塚古墳　復元・整備事業概要』

(23)　安原啓示1979「遺跡の修景的整備」『文化財保護の実務』仲野浩他1979「（座談会）文化財保護と開発をめぐって」『文化財保護の実務』所収

(24)　宮本敬一1981「上総国分尼寺の伽藍と付属諸院」『月刊歴史教育』30〜33

(25)　上総国分寺台発掘調査団1978『祇園原貝塚』同1979『祇園原貝塚Ⅱ』同1983『祇園原貝塚Ⅲ』米田耕之助1980a「縄文時代後期における住居形態の一様相」『伊知波良』3　米田耕之助1980b「縄文時代後期における一葬法」『古代』67

(26)　もちろん史跡整備の中でこの関係が明示できればそれにこしたことはない。

(27)　前掲（23）安原1979

(28)　貝層の断面を保存することは、千葉県良文貝塚で最初におこなわれたことが博物館研究2巻11号　1929年、の記事に見える。

(29)　ただし、扱う遺跡は古代以前のものに限り、中世以降の城や寺院、館跡等は省いた。

(30)　前掲（17）・（19）。安原啓示1969「風土記の丘計画の現況」『月刊文化財』74　同1970a「風土記の丘計画の再検討」『日本歴史』263　同1973「風土記の丘あれこれ」『自然と文化12　特集風土記の丘』同1976「風土記の丘の現状と将来」『博物館研究』11-8

(31)　前掲（30）安原1973
(32)　風土記の丘として選択された遺跡群は残るがこれと引き換えにして他の遺跡群は消滅を余儀なくされた、といった事態もなかったことではあるまい。

〈引用・参照文献〉
赤松啓介・喜谷美宣1969 「五色塚古墳」『月刊文化財』69
朝日新聞社編1981『全ガイド　日本のミュージアム』
岡田茂弘1968 「西都原古墳群の環境整備」『月刊文化財』63
岡田茂弘1981「遺跡博物館への招待」日本の博物館4 『古代遺跡の旅』所収
観光資源保護財団編1973『自然と文化12―特集　風土記の丘―』
観光資源保護財団編1975 『知覧』
木原啓吉1982 『歴史的環境』
倉内史郎・伊藤寿朗・小川　剛・森田恒之1981『日本博物館沿革要覧』
椎名慎太郎1983 『歴史を保存する』
田中哲雄1981「史跡・名勝の保存修復と整備」『仏教芸術』139
日本博物館協会編1975 『全国博物館総覧』
日本博物館協会1982 『全国博物館園名簿』
柳川寛治1966「埋蔵文化財の保護」『月刊文化財』39

2 博物館資料としての考古学資料

はじめに

　博物館で取り扱う資料は、これといって限定されることがないほどありとあらゆるものである。このことは、ICOMの1974年の博物館の定義やわが国の博物館法を見ても明らかである。本稿ではそのうちの考古学資料の取り扱いについて考察し、その望ましい利用法についても考えてみたい。

　ところで、些細なことかもしれないが、考古学資料、という用語について考えたい。今、「考古学資料」と書いたが、普通は「考古資料」と呼ばれ、文化財保護法の中では「埋蔵文化財」である。もっとも中には最初から「土地に埋蔵されて」(同法57条)いないものもあるから、すべてを埋蔵文化財と呼ぶのは厳密には正しくない。考古資料、とはいかなる語か。「資料」については別に吟味しなくてもよいと思うので、「考古」である。関野雄先生の考証にあるとおり(1)もともとは中国語で、「古ヘヲ考エル」であろう。日本で明治になってこの語をもとに考古学という用語が使われるようになり、学問の一分野の名称として定着した。しかしよく考えれば歴史学とか生物学とかいった語に比べるとひどく不明瞭な用語で、その語自体からは一体何をする学問なのかは直接には見えない。古代学協会の角田文衞氏は考古学をやめて遺物学としようと提唱されたが(2)、それも一考に値するかもしれぬ。「考古資料」という語はもっと不明瞭である。単に「古ヘヲ考エル」ための資料をさすのであるならばかなり広い範囲のものがここに含まれるのだが、恐らくそうではなくて考古学に関係する資料のことをいうのが普通のようだ。博物館の名称でも「山梨県立考古博物館」や「市立市川考古博物館」のように「考古」のみである。しかしその内容は考古学の研究成果にしたがって資料を扱い展示を構成しているのであって古ヘヲ考エルだけの博物館ではない。とすればこれらの「考古」は「考古学」の略称ということになり「考古資料」というよりは「考古学資料」、「考古博物館」というより「考古学博物館」の語がより当を得た語ということになると考

えるのだが。この点、国立民族学博物館のネーミングを見習うべきである。
　以下、おおもとの不明瞭さはそのままにしながらではあるが、用語とその意味する内容もを一致させるために「考古学資料」を使うことにする。

（1）　展示室における考古学資料

　考古学資料、つまり考古学の研究対象となる資料は、「人類が残した物質的資料、つまり遺跡、遺物」(3)で、遺物と共に遺跡を構成する遺構もまたそうである。遺物は「もの」そのものであり、遺構は大地に掘り込んだり盛り上げたりして造った構築物で、遺跡はそれらの存在する場所である。博物館では考古学の研究成果に従ってこれらの資料をいろいろな形で展示し、活用しているわけである。遺跡を展示する時は、大抵の場合資料は大きくて展示室の中には入らない。そこで遺跡の実物資料を展示するためには野外博物館の形をとることになる。遺構も小規模なものを除くと展示室の中に入らないものが多いので、野外博物館のかたちをとったり、千葉市立加曽利貝塚博物館や平城宮跡資料館のように遺構の上に覆屋をかけたりして展示している。本稿ではこれらはひとまずおき、考古学資料の展示室の中での取り扱いを国立歴史民俗博物館（以下歴博）など各地の博物館や展示施設の実例をあげながら見ていこう。ただし、近年は展示室内の展示ケースの中にも二次資料であるレプリカの進出が盛んである。これらも考古学資料として扱って良いのかいささか迷う所であるが、とりあえず一次資料の代用品と考え、その意義や利用法についてはまた後で考えることにしたい。

　まず、考古学資料を、そのままでは展示室の中に持ち込むことのできないことの多い遺跡・遺構と、修羅のような巨大なものを例外として、普通は展示室の中に実物を置くことのできる遺物の展示にわけて見ていくことにしよう。

①遺跡・遺構の展示
　遺跡・遺構の展示法は次の4通りを見る。
　1．実物の展示
　これは遺構に限られる。墳墓や甕棺墓、配石遺構など遺跡の一部を切り取って運び、展示するものである。埋葬された人骨が無造作に展示室内に置かれて

いるのをよく見かけるが、たとえ1000年も2000年も経ったものでも、また骨となってしまっていても、我々の先祖である人間なのであり、見せ物的な展示にならないようにしたいものだ。

2. 剥ぎ取りによる土層断面や貝層断面の展示

これも「実物」ではあるが、土層や貝層の断面に合成樹脂を含浸させ、これに裏打ちをして固め、表面を剥ぎ取って転写したものである。歴博では最初の展示室の壁面に小平市鈴木遺跡の土層がこの方法によって示されているし、実物を持ち込めない遺跡の土層や貝層の生の迫力を展示室の中で訴えるためであろう、よく用いられるようになった。

イタリア・ヴァレンターノ先史博物館 Museo della Preistoria della Tuscia

3. ジオラマ・レプリカによる竪穴住居・集落・古墳などの展示

金の隈遺跡展示館

竪穴住居や高床式建物程度のものなら展示室が広ければ実物大のレプリカを作成して展示することも可能で、現に歴博では市川市姥山貝塚の一家 5 人フグ中毒死（と筆者は勝手に想像しているのだが……何も確証はない）の竪穴住居や弥生時代の高床式建物を 1 棟、展示している。縄紋時代の竪穴住居の上屋まで復元して、中に人形を配した実物大のジオラマもよく見かける。もっともこの種のジオラマには縄紋人＝ギャートルズ的原始人とでもいえそうな先入観に支配された人形が置かれていたり、家の床には土器や石器だらけで人が寝ることも難しそうな空間を作ったり、土器にはいつも木の実や貝があふれるように貯蔵されていたりするので、確かに有効

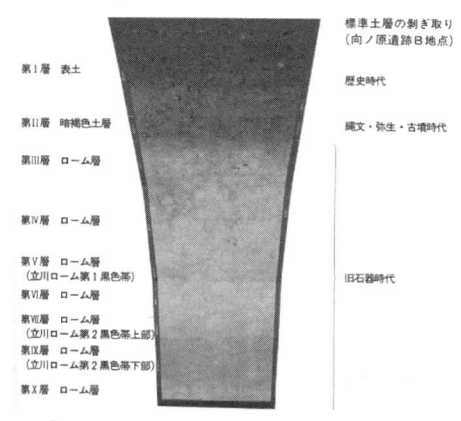

『杉並区立郷土博物館常設展示図録』より

福島県立博物館の縄紋時代中期の竪穴住居の展示

な展示方法ではあるが考証をちゃんとしないと誤った印象を与えてしまう危険も大きい。

　遺跡そのものを展示室に持ち込むことにもなる集落や墓地遺跡のジオラマは、当然のことながら縮小された模型によるし、また古墳などの構築物も縮小模型である。歴博の展示では前者の例として八千代市村上遺跡の村落復元景観や大阪府瓜生堂遺跡の方形墳丘墓、福岡県永岡遺跡の甕棺墓地があり、福岡県沖ノ島の磐座分布模型もこれである。後者は奈良県箸墓古墳の現状と築造当時を半分ずつ示す模型や群馬県綿貫観音山古墳の復元模型などがある。奈良市役所の玄関正面ホールには平城京の1000分の 1 の復元模型が置かれている。実物を展示できない遺跡や巨大な遺構に代わるものとして、この種の展示はおおいに

我々の想像力をかきたてるし、本物に近い迫力を持つものでもあり、展示の効果も多大なものといえよう。

4．図・写真・映像による2次元的展示

図や写真は、考古学資料の場合もそれだけで展示を構成するのではなくて、他の実物資料を説明したり背景を解説したりするのに使われるが、前述の平城京の復元模型の写真が壁面に展示された歴博のような例もある。映像は、解説に使われる外に、それ自体を展示として活用することが増えてきている。歴博でも展示室内にビデオ装置が置か

国立歴史民俗博物館・箸墓古墳の展示
(『日本歴史探検1 古代を発掘する』国立歴史民俗博物館編1988より)

奈良市役所の平城京の1000分の1の復元模型

2 博物館資料としての考古学資料 167

人間博物館リトルワールド・3面マルチのビデオ画面

れていて、見学者がスイッチを押すことによって番組が流れるし、この装置の維持管理には大分費用もかかるようだ。人間博物館リトルワールドでは「ヒトのはじまり－進化」の展示室の壁面に3面マルチのビデオ画面が設けられ、イラクのシャニダール洞穴で花を添えて埋葬された旧人の人形を使った映像が流されていて、大変面白い。

②遺物の展示

博物館での遺物の扱い方を2通りに分けよう。1つは考古学は歴史学の一分野であるという本来の視点からの歴史資料としての扱いであり、もう1つは、たとえば縄紋土器を我々の祖先の遺した造形芸術作品であるという美術史的観点での扱いである。この両者はまったくかけ離れた扱い方がされるというわけでもないが、美術館の中でポツンと置かれた縄紋土器をみかけることもある。ここでは前者の歴史資料としての展示のみを見ることにする。

歴史資料としてであるから当然その資料の存在した時の社会の状況や人々の生活の様子を説明するために用いられるわけであるが、ここではそのためにどの様な形で利用され展示されているか、資料個々の扱いに視点を置いて展示ケースを眺めてみよう。

1．同一種類の資料（遺物）を多数1ヵ所に配置する展示

歴博では第一展示室に入ってすぐのところに各地の中期縄紋土器の展示がある。この他にもレプリカの三角縁神獣鏡や市原市山倉1号墳の埴輪の展示などがここで言うものに該当する。縄紋時代中期の遺跡に近接する博物館では、多数出土する土器を見る者を圧倒せんばかりにして並べてあるところ（井戸尻考古館など）や、同じく多数出土する石斧を、高く積み上げたり（平出遺跡考古博

浜松市博物館「蜆塚原始集落」の展示

物館)、展示ケースの中にそれだけを並べる(久々野町歴史民俗資料館)展示もある。一つ一つはどうと言うこともない石斧であっても、量で迫られるとやはり迫力がある。

2. 同時期の各種の遺物を一括して展示

遺物の種類ではなく、時期に重きを置いて展示を構成する。考古学上の一時期(時代)の説明をその時期(時代)に作られ使われていた物によって行う、ごく一般的な形の展示である。時期(時代)の説明と言っても、その時期(時代)の何を説明するかによって動員される資料は変わって来る。歴博には「縄紋時代の道具」の展示があり、熊本市立熊本博物館の「火の君」の展示ケース、浜松市博物館の「蜆塚原始集落」の展示等、例は多い。

3. 同時出土の一括遺物の展示

一つの遺構、例えば住居跡、墓や古墳などから一括出土した資料をそのまま展示する。橿原市千塚資料館では新沢千塚21号墳出土遺物のレプリカを出土位置の表示とともに一つのケース内に展示し、平出遺跡考古博物館では平出遺跡のいくつかの住居跡出土の一括遺物を住居跡の図や写真とともに展示している。

4. 出土状況の展示

上の展示と似ているが、展示ケースにその資料の出土した状況のジオラマなどを作り、そこに資料を置く。古墳の石室内の副葬品の配置などを具体的に示す例は浜松市博物館や房総風土記の丘資料館などにみられるが、前者では石室のジオラマの中に出土した須恵器等を置き、後者では展示ケースの中に人体の

パネルを置いて遺物が人体のどの部位付近から出土したか示している。前述の歴博の沖ノ島の展示室にもレプリカを使った5号遺跡などの出土状況の見事な展示がある。フィレンツェの先史博物館（Museo Fiorentino di Preistoria Firenze）では、洞穴などで出土した石器類を展示するのに、アクリルやガラスなどの透明な板をたててここにアクリルの細い棒を何段か横に貼り、この棒の上に石器を置いていた。こうすると狭い展示ケースの中であっても出土層位別の展示が可能になる。これはイタリアの他の博物館でも良く見られた展示の工夫である。

5．使用方法の展示

上記の展示方法の中にも使われるであろうが、個々の資料をただならべるのではなく、その資料がいかなる方法で使われ、人々の生活の中に生かされていたかを具体的に示すのである。「石斧」といっても「斧」としてだけではなく、「土掘り具」としての役割も大きかったというように、名称だけでは説明しきれない資料もあることであるし、考古学資料の展示には大切なことである。

小さな資料の場合は、等身大の人形や実物大の手に持たせたり身につけたりさせて使用状況を見せる。鉄や石斧などの場合は当然それに伴う矢柄や弓、柄の復元も必要になってくる。大宮市寿能遺跡や福井県鳥浜貝塚等の低湿地の遺跡から木製品も大量に出土するようになり、最近はこうした復元も実証的かつ容易になってきた。土器は中に木の実などをいれておくのも一つの方法であるが、縄紋土器の場合は大多数の土器の第一義的な役割は食物の煮たき用であっ

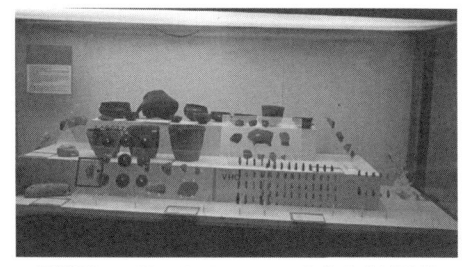

層位別の石器の展示　ミラノ市立考古博物館

美幌博物館の展示

たのであり、どうせ竪穴住居のジオラマの中に置くのならば炉にかけておいてもらいたいものだ。また土師器の甑も竈の中で甕と組合わせて使用している状態で展示するのが良い。資料がポツンと孤立した形で置かれているよりもそれが使われている具体的な姿を見せる方が資料を生かすことにもなるし、展示の教育的な意味も増加する。3次元的な展示ができない時には図や写真などの解説によって視覚でとらえられるような工夫が必要である。

6．教育目的の展示

博物館は社会教育機関であり、したがって展示はすべて教育を目的とするのだが、ここでは資料を直接使っての教育を考える。つまり資料を手にとって見たり、使って見たり、音をだせるものは鳴らしてみたりできるような、いわば参加型の展示をみる。房総風土記の丘資料館では展示室の中の机の上の箱の中に瓦や土器片の実物を入れておき、これを手にとって見ることができる。中の資料はだんだん少なくなってきてしまっているようだが。縄紋土器の縄紋を施す原体を作っておいてこれを粘土の上に転がして自分で縄紋を作ってみる展示も石川県立歴史博物館や北上市立博物館等で採用されており、石斧を柄に着装した物を持つことができるようにしたものも、あちこちで見られる。またこの展示ではレプリカが威力を発揮する。破片をつなぎあわせて、足りない部分を石膏で補ってやっと組み立てた縄紋土器などは、壊れる危険があるから来館者が手にとれるような場には持ちだしにくい。そんな時、この土器のレプリカが使える。このレプリカは質感や重量感も実物と同じようでなければならない。

石川県立歴史博物館ではレプリカでなく実物を使っていたので少々驚いたのだが、落としても被害が少ないように床に柔らかい物を敷く工夫をしていた。館山市立博物館や苫小牧市博物館には、縄紋土器復元の楽しさを少しでも味あわせようというのか、磁石を使った縄紋土器の立体パズルがある。

吉胡貝塚資料館の体験展示

（2） 考古学資料におけるレプリカの意義

　与えられた紙数が残り少ないので簡単に記すにとどめる。レプリカの使われ方で気のついたものを3点あげておく。

　1．展示ケースの中での実物の代わりの陳列

　展示に耐えられない脆弱な資料や、展示の構成上どうしても必要であるが原品が収集できなかったような場合に、積極的にレプリカを使うのが最近の傾向である。積極的過ぎてレプリカだらけの展示も多いが。福井県立博物館の各時期の縄紋土器の展示は展示ケースの中の19個のうち、実物は1個だけだった。

　2．体験学習の中での利用

　体験学習の中で、実物では持つ、触る、にとどめられていたものが、レプリカならば実際に使ってみることができる。銅鏡でも実物は錆びていて顔をうつすことなどできないが、レプリカとして復元されたものではそれも可能である。銅鐸は鳴らすことができる。石器はその威力を試してみることもできる。縄紋土器に至っては火にかけて食物を煮炊きすることまでできるではないか。こうしたことは実物を使ってもやってやれないこともないのかもしれないし、また実物の方が教育的な効果は大きいかもしれないが、やはり実物を使うのはためらわれよう。

土井が浜人類学ミュージアムの貝輪の展示

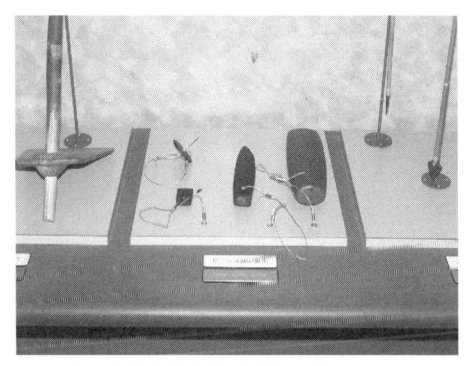

　3．目の不自由な人向けの展示

　「触る」ことによって資料に接することを目的とする扱いである。ここで使用するレプリカも、何よ

大阪府立弥生文化博物館　触れる展示

りも実物に忠実な複製でなければなるまい。重さはもとより、手触り、材質も同じであることが望ましい。形だけ分かればいい、というような発想は絶対に間違いである。ここでも勿論実物が使えればそれにこしたことはない。

　考古学資料は、どの資料をとってみてもたった1個しか存在しないものばかりである。そのたった1個をいろいろな所で利用する必要があるからレプリカも作られるわけだ。実物がないからレプリカを使う、という発想自体すでにそこには教育的な配慮がなされているのであり、どうせ教育的配慮をするのであるならば展示ケースから出して活用したら如何なものであろうか。

お わ り に

　この稿を書き始めてから、福井県立若狭歴史民俗資料館にでかけ、鳥浜貝塚の資料の展示をみてきた。大変楽しくわかりやすい。縄紋時代と現代を結びつける工夫に満ちた展示室である。ここでの展示内容を本文中に織り込みたかったのだが、もう紙数も尽きる。もう少しレプリカについても考えてみたいのであるが、この研究ノートを手がかりとして考えを発展させたい。

註
（1）　関野雄1968『「考古学」と「発掘」』『言語生活』201
（2）　角田文衛1986日本考古学協会第52回総会・講演「転換期の考古学」
（3）　関野雄1979「考古学」『世界考古学事典』

3 遺跡の整備・活用について
―― タイにおける事例を中心に ――

はじめに

　筆者は1990年10月中旬から11月末にかけて、鹿児島大学新田栄治助教授を研究代表者とする文部省科学研究費国際学術研究『タイ東北地方における先史時代生産遺跡の発掘調査』の第2次調査による、タイ国バン・ドン・プロン遺跡の発掘調査に参加し、同遺跡の発掘とともに、かねてからの研究テーマでもある遺跡を代表とする埋蔵文化財の保存と活用についてのタイにおける実態もみた。

　発掘のかたわらいくつかの遺跡や「歴史公園」を踏査し、また文化財行政に関係する係官たちなどとの接触を通じて、我が国の状況と似ているところ、また違うところなどをいくつか見出した。タイにおいて、日本で行なわれている開発行為に先立つ発掘調査の「行政調査」「事前調査」のような形のものがあるのかどうかは知らないが、タイでは発掘した遺跡は直ちに観光資源の一つとして活用することをまず考えるようである。我が国では現在ではほとんどが発掘イコール破壊であって、保存して活用することを前提として行なわれる遺跡の発掘調査はほとんどない、といっても言い過ぎではない状況である。佐賀県の吉野ヶ里遺跡など、稀有の事例なのである。

　本章ではタイ国における遺跡の保護・活用の実態をみた上で、我が国の最近の遺跡の整備・活用の方向についても考察してみたい。また1985年にイタリアのシチリア島での発掘調査[1]に参加したが、ここでも発掘した遺跡を保存するために、公開を考えた保存措置が発掘調査と平行して行なわれていた。これも比較・考察の対象とした。

（1） タイの文化財保護に関する法規

　タイにおける現行の文化財保護制度は、1961年に制定された『古代記念物、古物、工芸品および国立博物館に関する法律　Act on Ancient Monuments,

Antiques, Objects of Art and National Museums, B. E. 2504」(2)によっている。

この法律は40条（英文では section と表記）からなり、法律の名称（1条）、この法律での用語の定義（4条）、所管する省（6条）などの記述に続いて、第1章　古代記念物（Ancient Monuments 第7条～第13条）、第2章　古物および工芸品（Antiques and Objects of Art 第14条～第24条）、第3章　国立博物館（National Museums 第25条～第27条）、第4章　考古学基金（Archaeological Fund 第28条～第30条）、第5章　罰則（Penalty 第31条～第39条）、そして経過措置について（40条）が記載されている。

本章に深く関係する、第1章の古代記念物について、詳しく見てみよう。

その前に簡単にこの法律に関する行政機構について触れておく。第6条で、この法律の執行などについては文部大臣（The Minister of Education）が当たることが明示されており、文部省には芸術局（the Department of Fine Arts）が置かれ、その下に考古課（the Division of Archaeology）と博物館課（the Division of Museums）がある。考古課のもとには全国9ヶ所に地方事務所がおかれ、それぞれの地域を統括している。一つの地方事務所の管轄する地域は広く、また配置される人員が少ないので、制度が整っているとしても実務面では大変な困難があるようだ(3)。

古代記念物については芸術局の局長が実務に当たることになっており、登録、公示、届出など、芸術局の局長のもとで処理される（7条、9条、10条、11条、12条）。第4条でこの法律での「古代記念物」の定義が示されるが、それによると、その年代上または建築学上の特徴の点で、または歴史上の証拠として、芸術、歴史、考古学上において有用な不動産、とされる。これらについて保存・維持・管理のために官報に公示して「登録」がされる（7条）が、これは不動産一つ一つだけでなく、それらと一体となった「地域」も同様に扱われる。私有の不動産についても登録がされるがその所有者からの意義申し立ての道もつけられている（7条）。意義申し立てが法廷で扱われることからしても、記念物としての登録はすべてのものを登録するシステムではなく、選択的な登録がされるようで、あとで見るように登録されたものとされていないものでは罰則の扱いも異なるところがある。古代記念物の修復や発掘については許可が必要で（10条）、これに違反すると1年以下の禁錮刑または2,000バーツ以下の罰金が課せられ

る（35条）(4)。11条では、古代記念物の修復や復元について定められ、13条では古代記念物を訪れるものにたいして文部大臣の権限として、遺跡の保存のために規制をすることがある、とし、私有物については30バーツ以下の入場料を取ることができるとしている。古代記念物を破壊したり損ったりした行為にたいして、1年以下の禁錮刑または2,000バーツ以下の罰金、登録されているものの場合は3ヶ月から5年の禁錮刑と、10,000バーツ以下の罰金が課せられる（32条）。また13条違反については1ヶ月以下の禁錮刑または1,000バーツ以下の罰金である（34条）。ちなみに日本の文化財保護法では、史跡名勝天然記念物の現状を変更したり、滅失したりき損したり衰亡に至らしめたものに、5年以下の懲役もしくは禁錮、または20万円以下の罰金の処置が取られることになっている。

　また、1985年には芸術局から、「考古学上の保存のための規則　Regulation for Archaeological Conservation」が出され、史跡保存のためのガイドラインが示された。この「規則」では、まず第1章で、Conservation, Preservation, Restoration, Reconstruction の各語の定義をし、さらに遺跡とそこから出土した遺物は一体のものとして扱うことがうたわれた。第2章では遺跡保存の目的、そして国際的な原則と1961年の法律に基づいてガイドラインが作られることを示し、第3章では、遺跡保存についての責任は政府にあること、またそれは1961年の法律に従うと同時に関連諸省庁の規則や規定にもよることが明示されている。ここにすでにこの「規則」の限界が示されているといってもいいだろう。それはこの「規則」の限界であるだけでなく、この国の文化財保護の限界といってもいいだろう。文化財保護に関する施策は一元的なものでなければならず、初めから他の省庁との協議が必要であるような形ではその実は上がらない。

　第4章に19項目の具体的なガイドラインが挙げられている。いくつか主要なものを見てみると、まず遺跡の現状の調査の必要性と、図、写真などを含む調査の記録が残されなければならないこと（1条）、後世に改変された建物はオリジナルな状態に戻されること（3条）、遺跡についてはその遺跡の考古学的重要性がもっとも発揮される保存方法が取られること（4条）、必要な遺跡には強化措置が取られるが、付加された部分はオリジナルな部分と区別できるよ

うにすること（5条〜7条）、また新たに復元された部分についてもオリジナルな部分と明確に区別できるような色や材料を用いること（8条）、崩れ落ちた建て物の場合にはその断片を集めてさらに失われた部分を補って再構築できること（10条）、現在も使用されている建物に関する注意事項（12条・14条）、盗難などに対する予防措置（13条）、これらの保存措置についても詳しい記録が残されなければならない(18条)、などが示されている。このガイドラインによって、考古学上の遺跡は調査され、そして積極的な復元措置が取られ、時にはこのガイドラインを越えた改変もなされている(5)。そして復元された遺跡は、「歴史公園 Historical Park」として活用されているものがある。歴史公園については後述する。

（2）ピマイの芸術局第6地方事務所の事例

　バン・ドン・プロン Ban Don Phlong 遺跡の調査にあたって、当地を管轄するピマイにある芸術局の第6地方事務所に出頭し、ここの指示と協力を受けたが、この接触を通じて、タイ国の文化財行政の最先端にいる人達の考え方、それはほぼ芸術局の考え方でもあり、さらにタイ国自体の方針であろうと見なされるのであるがそれを知ることができた。その具体的な事例を我々の調査したバン・ドン・プロン遺跡、そして調査の合間に訪れたバン・プラサート Ban Prasat 村についてみることにする。

①バン・ドン・プロン遺跡での事例

　バン・ドン・プロン遺跡は、タイ東北地方のブリラム Buriram 市の北約50km、ムン Mun 川の右岸にある。調査の成果の一部はすでに発表されている(6)が、約30日間の発掘調査の結果、調査の目的であった製鉄関係の炉跡17基、塵芥廃棄穴1基、建築遺構1基のほか、下層から埋葬人骨6体を発掘した。

　調査目的の製鉄遺構などについては地元の人々の興味をいっこうに引かなかったようであるが、両腕に青銅の腕輪をつけた人骨が出現するに至ってにわかに人々の関心を呼び起こし、連日多くの見物人が発掘地を取り巻いた。この間の事情について調査団長の新田栄治は次のように書いている(7)。

　人骨の発見については、我々に同行している芸術局派遣のインスペクター

が管轄のピマイにある芸術局第6地方事務所に通報したため、騒ぎが大きくなり、11月6日には、芸術局の担当官が遺跡に来、ブリラム県広報センターのほかに、タイのテレビ局…（中略）…新聞社などの取材を受け、テレビや新聞でも報道されました。あいにく、今回の調査目的である先史時代の製鉄については一言も報じられず、もっぱら埋葬人骨と身につけていた青銅の装飾品のことばかりでした。芸術局担当官の関心も同様に埋葬人骨にのみあり、バンドンプロン遺跡を先史公園（Prehistoric Museum）化して観光事業に役立てるために、次回は芸術局が発掘するような意向を述べられました。この村は主要道路からすぐのところにあるし、パノムルンなどの有名な遺跡がブリラム県にはあるので、観光開発にはとてもよいのだそうです。

　芸術局の担当官は発掘した遺跡を直ちに観光資源として活用しよう、という方針のもとに動こうとしたことがわかる。

　我々の調査に関しては、最終的には人骨を含む遺物は取り上げ、炉跡は断面を確認するために断ち割り、発掘区画内の平面図と発掘区画のまわりの壁の土層図を四周すべて作成し、必要な写真を撮り、最後に我々の仕事として発掘区全体を埋め戻したが、製鉄の炉や埋葬人骨はブリラム県当局の手で、のちに我々の作成した図面や写真を本に復元模型を作り、青銅製腕輪などとともにブリラム県の県庁の前に当時建設中であったCultural Centerの展示室に展示されることになるそうである。青銅器などの帰属場所をめぐってブリラム県と芸術局の間での綱引きが予想される。

②バン・プラサート村の小博物館

　バン・プラサート村はピマイの西北西約13km、国道2号線から1kmほど入ったところにある。国道から村へ通ずる道は舗装されてはいないので、1990年10月20日、降り続く雨のなかでぬかった道を車がいつ止まるかと心配しながら村に入った。この村では土器などの副葬品を伴う墓地遺跡がかつて発掘調査され、村人のなかには発掘調査で覚えた技術を駆使して「盗掘」を試み、若干の財産を成した人もいるそうである。村の入り口からすこし入ったところに位置する三叉路の角に、芸術局の使用する小さな建物がある。一見バスの待合

室かと間違えるような建物であるが、全体が3つの区画からなり、むかって左側に発掘された墓を復元して伸展葬の人骨とともに展示し、壁には土層の状況も色分けして示してある。右側の区画には植木鉢を置く台のような簡単な棚に出土した土器をならべてある。ここには特に説明もなく、ただ土器が陳列してあるだけである。真ん中の区画では、一冊だけしか存在しないというこの村の発掘調査に関する調査報告書をもとに、壁に貼って展示する解説を制作中であった。また村内の別の地点に、建物の一部と考えられる石材が露出したところがあり、ピマイの芸術局第6地方事務所ではここを発掘して石造の建造物の様子を明らかにし、建物の復元整備などを行なって歴史公園化したいとする計画を持っているとのことであった。

バン・プラサート村のミニ博物館

埋葬人骨の展示

出土土器の展示

以上2つの遺跡への芸術局担当者の対応からみて、遺跡を発掘したならばそれを積極的に整備して一般にも公開することを念頭に置いた処理が心がけられていることは疑いない。

また遺跡保存の考え方として、ただ保存するだけでなく活用していこうとするとき、根本的な方針として忘れてはならないのは、遺跡その場所だけを保存するのではなく、そこから出土した遺物も現地で保存し、遺跡とともに公開することである。バン・プラサートのミニ博物館は、そんな考え方をささやかな

がらも実現しているものである。

（3） ピマイなどの歴史公園の現状

タイでは次の9ヶ所の「歴史公園」が設置されている。
 1．スコータイ歴史公園　Sukhothai Historical Park
 2．プラ・ナコン・シー・アユタヤ歴史公園
　　Phra Nakhon Sri Ayutthaya Historical Park
 3．パノム・ルン歴史公園　Phanom Rung Historical Park
 4．シー・テップ歴史公園　Sri Thep Historical Park
 5．プラ・ナコン・キリ歴史公園　Phra Nakhon Khiri Historical Park
 6．シー・サッチャナライ歴史公園　Sri Satchanalai Historical Park
 7．ピマイ歴史公園　Phimai Historical Park
 8．ムアン・シン歴史公園　Muang Singh Historical Park
 9．カンペン・ペット歴史公園　Kamphaeng Phet Historical Park

これらのうち、ムアン・シン歴史公園が1987年4月3日に最初の歴史公園としてオープンし、続いて1988年5月21日にパノム・ルン歴史公園がオープンした(8)。スコータイやアユタヤのようにかって王都であった町を広く囲ったものもあれば、パノム・ルンやピマイのようなクメール寺院跡、シー・サッチャナライ、カンペン・ペット、ムアン・シンなどの古代都市跡、プラ・ナコン・キリのような19世紀半ばに建てられた宮殿が中心となったものなど、歴史公園の対象となった史跡の時代や性格は様々である。

筆者が実際に訪れたピマイとパノム・ルンについて見てみよう。

①ピマイ歴史公園とパノム・ルン歴史公園

ピマイは、タイ東北地方の入り口に位置する都市のナコン・ラチャシマ Nakhon Ratchasima の東北約60kmにあり、タイの美術史上、ロップリー期と呼ばれる11世紀から13世紀にかけてのカンボジアのアンコール朝美術の影響を受けた時代の代表的な寺院建築のある町である。町全体が濠と城壁で囲まれた、幅565m、長さ1,030mの規模の一つの都市遺跡としてとらえられ、現在は南側にだけ残る城壁の中央に町の門も残っている。町の中に国際電話もかけら

タイの歴史公園

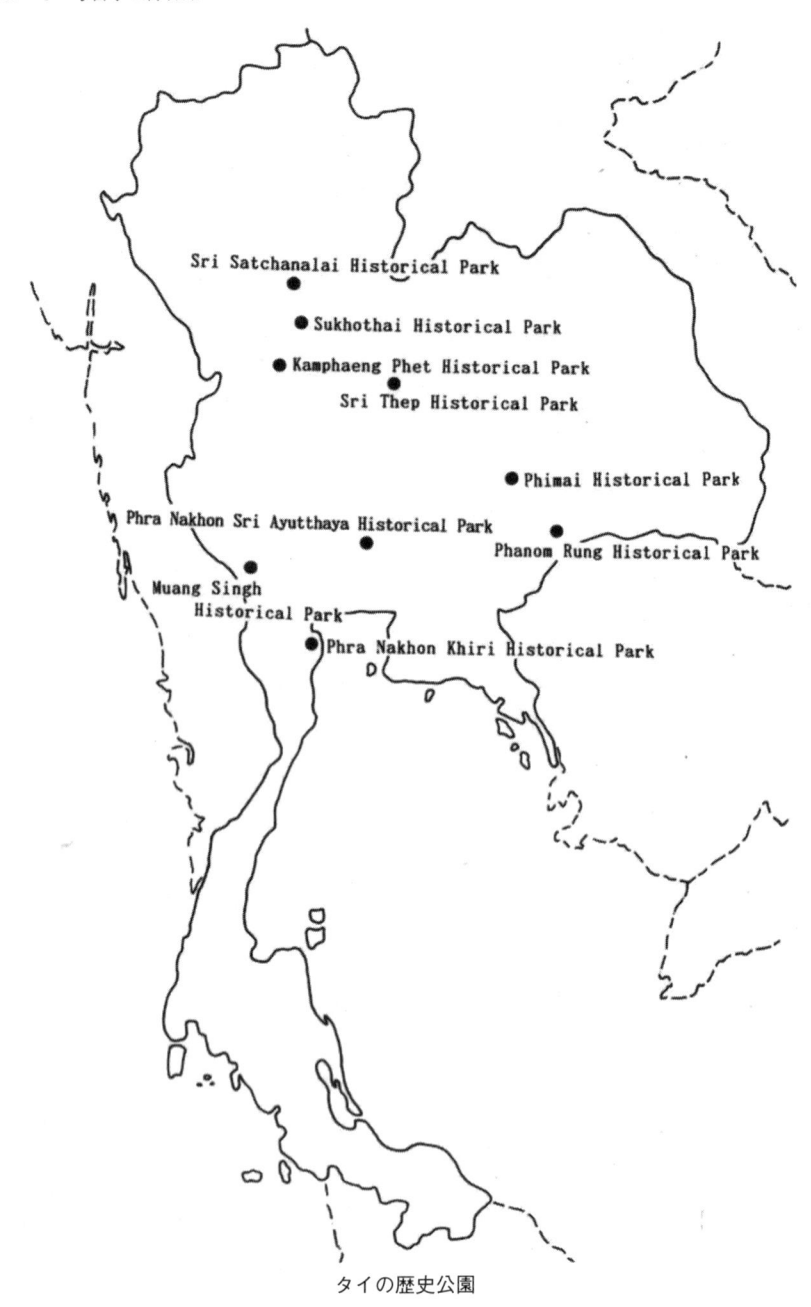

3 遺跡の整備・活用について 181

れるレストランがあり、外国人向けのゲストハウス、温水シャワー、冷房の完備したホテルもある。

　町の中央部に、タイ最大といわれる高さ28mの中央祠堂を持つピマイ寺院 Prasat Hin Phimai がそびえ、ここをめぐる寺域が歴史公園に設定され、入場料5バーツ（外国人は20バーツ）を払って中に入ることになる。ピマイ寺院は、タイでの説明によると、カンボジアのアンコール・ワットに先立って12世紀の初頭に建設されたものでアンコール・ワットの原型となったもの、とされている。

　公園内の寺域の一角に芸術局の第6地方事務所がある。公園の外の町の北西の隅には国立博物館があり、ピマイ寺院の建物に復元されなかったレリーフ、周辺の遺跡で出土した遺物や墓地遺跡出土の遺骸など、展示している。展示資料の関係からか、きちんとして建物のなかに展示されているのではなく、屋外展示場といったおもむきである。入館料は無料であった。

ピマイ寺院

ピマイ寺院の中央祠堂

　ピマイでは、11月半ばの夜、この歴史公園を会場にして音楽とライトでショウアップされた舞踊劇、民族舞踊を演ずる祭が開かれる。この期間中、近くを流れるムン川では伝統的なボートレースも開催され、タイ各地から集まったボートが競争する。筆者はこの祭は

修復前の状況

見ていないが、おそらくライトアップされた巨大な祠堂の建物を前に繰り広げられる優美な民族舞踊は、幻想的な雰囲気を漂わせたものであっただろう。

ピマイ寺院の復元工事は、1964年から1969年にかけて、フランス人の考古学者グロリエ Bernard Phillipe Groslier と、工事監督のリチャード Pierre Richard によって行なわれた(9)。グロリエとリチャードは、復元に際してアナスティロース方式(10)anastylosis method を採用した。この方法は、崩れ落ちた建築部材をできるだけもとの位置に復元していき、土中に埋もれた石材も発掘し、発掘された部材も可能な限りもとあったと推定されるところにはめ込み、新しい部材の使用はできるだけ避ける。石材どうしを接着するのに石材双方の接着する部分にくぼみを作り、ここに鉄筋やセメントなどを渡して接着して、外観上はまったくわからないようにする修復方法である。

おそらくここの工事で得たノウハウはタイにとって、その後の建造物の復元工事におおいに利用されたのではあるまいか。この復元方法はピマイのほか、次に取り上げるブリラム県のパノム・ルンなどでも採用された。

このピマイ歴史公園は1989年4月に一般公開された。

次にパノム・ルン歴史公園は、上述のように1988年5月に公開されたが、ここもピマイと同じくロップリー期のクメール寺院である。町中にあるピマイ寺院とは違って、海抜383mの火山の山頂にある。ブリラム市の南約50kmのここに到る交通手段は自動車によるほかない。カンボジアとの国境にも近い。山頂近くまではくねくねと曲がったそれなりに快適な道が続き、歴史公園の入り口付近に広い駐車場がある。たくさんの土産物の店や食べ物屋が軒を並べ、さながら門前市のようである。入場料をゲートで払って入り、庭園のような道を

3　遺跡の整備・活用について　183

パノム・ルン歴史公園　　　　　　　　パノム・ルン寺院の中央祠堂

　通って参道に出る。参道の階段が高いが、頂上に見え隠れする中央祠堂に期待感が高まる。途中のプラットホームから下を見下ろすと、イサーン(11)の平原が広がり、眺望が美しい。寺院の美しさもさることながら、この眺めもこの歴史公園のセールスポイントだろう。
　パノム・ルン寺院 Prasat Hin Phanom Rung は、10世紀初めに建てられ12世紀まで改築がされていたとされる(12)。1971年から芸術局によって修復が始められ、参道の両脇の石柱、ナーガ(13)のつけられた橋、階段、山頂の回廊、そしてその中の中央祠堂などが大変美しく復元された。ナーガは、一つの型からいくつもが復元されたようで、どれも同じ型の継ぎ目をみせていた。
　ここには、休日には多くの人々が訪れる。中央祠堂の入口のリンテルの著名なレリーフが盗難にあったりしたこともあって(14)、ここはタイの人々には特に有名な歴史公園なのであるという。
　ブリラム市の西約40kmのところに、ブリラム市より大きいスリン Surin 市があるが、ここで毎年11月後半の土曜と日曜に、タイ全土から集まった100頭以上の象がパレードや様々の芸をしたり、象を使った戦いを再現したりする

復元されたナーガ　　　　　　　リンテルのレリーフ

「象まつり」が開かれ、タイ全土からの象だけでなく、世界中から観光客がやって来る。この象まつりを見物した観光客の多くが、パノム・ルンにも足を運ぶ。この点から見ても、パノム・ルン歴史公園は、観光拠点の一つとして重要なポイントとなっているといえるだろう。

②歴史公園の意義——スコータイシンポジウムから

このようにタイの国策としても推し進められている歴史公園化事業については当然のことながら推進すべきとする意見と、それに反対する意見がある。まず推進派の見方についてみよう。

1987年11月にタイ北部のスコータイで開かれた"Symposium on the Sukhothai Experience for The Development of the Programme on the Study and Preservation of the Historic Cities of Southeast Asia"で、タイのランシット専門学校 Rangsit College のスチトラ助教授 Assoc. Prof. Suchitra Vuthisathira は、スコータイの歴史公園の例によってその教育面、観光面での効果を上げている(15)。

スコータイ歴史公園は1978年10月に内閣で承認された'Skhothai Historical Park Development Project'によって推進されるのであるが、スチトラは、このプロジェクトによる効果として、教育面では、まず、プロジェクト以前と以後を比べると、スコータイそのものの調査研究が様々な方面で進んだこと、また調査研究については遺跡や史跡の保護・保存についても同様で、技術的なトレイニングの場としても有意義であることをあげており、第2に、調査研究の

成果が、研究者の間だけでなく広く一般の人々の間にも知られるようになったことなどを指摘した。観光事業への影響では、スコータイ自体への多額の資金投下を伴う整備による観光地化、つまりスコータイ自体が整備されて観光のまたは旅行の目的地となったことをまずあげ、ついで文化面で、観光客増加のために伝統的な祭や民族芸能などを復活したり、様々のイベント、たとえばピマイで行なわれたような光と音の祭典や音楽会など、を実施する、ポスター、絵葉書などによる広報活動、観光ガイドの養成等の事業がとりおこなわれ、文化的にも意義がある、として、遺跡を観光地として再生し活用することのメリットをあげた。そして地域社会一般への影響・効果として、村落の移転をもともなう生活環境の改善、すなわちそれまでなかった水道や電気、学校、店舗、警察などの整った地域での生活ができるようになること、道路網などの整備によって交通が便利になったこと、そして歴史公園開発やその後のメンテナンス、観光産業の中で住民に被雇用機会を提供し、経済的にも地域が潤うようになる、などをあげている。

スチトラの報告に対する質疑応答では、スチトラに代わってこの当時の芸術局のニコム考古課長 Mr.Nikom Musigakama が答えているところが多く(16)、芸術局もこの報告と同じ方向で考えていると考えて間違いない。そしてスチトラの報告はスコータイについてのものであったが、他の歴史公園についても、ピマイやパノム・ルンでもみたように、同様の効果が期待されていることは想像に難くない。

③歴史公園化事業への反対論

一方、現在のタイではただ一つだけ考古学のコースを持ち、芸術局などへの人材の供給源でもあるシンラパコーン大学 Silpakorn Univ. のシーサック教授 Prof. Srisakara Vallibhotama は、スコータイに始まる歴史公園化計画は遺跡や史跡の合法的な破壊行為であるとして批判している(17)。

シーサックの反対論は次の2点があげられる。一つはタイだけに限らず、遺跡を整備しようとするときにはいつも起きてくる問題であるのだが、歴史公園化事業の中で、遺跡のもともとの環境がそこなわれてしまうことである。前掲のスチトラ助教授の発表の中では、スコータイについて景観の改善のために広

い範囲への植栽や、かってあった運河や濠、池などの掘削、サービスセンターなどの建設や通路・案内板の整備、などの事業が観光面での開発行為として計画されたことをあげている(18)。シーサックはこれらの行為こそ環境破壊だとし、それに加えて寺院などですでになくなってしまっている仏像や神像を付け加えたり、崩れ落ちてしまったものを復元してしまうことも遺跡のもともとの環境をそこねるものとして批判している。二つめは、この歴史公園計画には莫大な予算と人員を要することである。なお増加が予想されるとはいえ、歴史公園となる遺跡は全体からするとごくわずかであり、ここに莫大な予算や人が投下されるということは、それ以外の大多数の遺跡の保存などのためにはほとんど予算や人が回らないことを意味するからである。莫大な金を要して遺跡の改変や破壊を行なうようなごくわずかの歴史公園を造るよりも、調査もされずに破壊の危機に瀕している遺跡、たとえばタイ東北地方のマウンドを持つ製塩遺跡などの今まで顧みられなかったような遺跡にももっと目をむけろ、というのである。

以上見てきたように、タイでは、限られた、特に重要とされるものだけではあるが、遺跡を積極的に復元し、より美しく見せることで観光資源として活用することを主眼とした施策が取られている。歴史公園化される遺跡は今後増えていくことだろう。ピマイの近くにあるパノム・ワン寺院 Prasat Phanom Wan も1989年から発掘調査が続けられており、その結果を待ってさらに4～5年をかけて復元されることになっているし、註（5）のシコラプーム寺院はまさに復元工事の真っ最中であった。ことの善し悪しは別として、歴史公園となった遺跡は、タイ国民と外国からの観光客の間にはかなりの差をつけた入場料をとって公開され、観光資源として活用されているのである。

また歴史公園化事業に名を借りて、周辺の環境整備ということで地域開発の核とされているところもある。歴史公園を使っての祭が

修復中のシコラプーム寺院

開かれることなどは、今日本各地で盛んに行なわれている「町おこし」にも通じるところがある。しかし、遺跡を使って地域の活性化を図ることと、遺跡の改変によって本来の価値を歪めることとは問題は別である。

（4） 日本・イタリアの遺跡の活用状況

タイにおける遺跡の活用法の一端を見てきた。本章ではイタリアでの体験と日本の最近の事例についてみる。

①イタリアでの体験

青柳正規現東京大学教授を研究代表者とする文部省科学研究費による「シチリアの古代ローマ美術・考古学調査」は、1979年の第1次調査から1985年の第4次調査まで実施され、イタリアのシチリア島のアグリジェント Agrigento 近郊のレアルモンテ Realmonte にある、ローマ帝政期の別荘遺構の発掘調査を行なった[19]。

筆者は1985年の第4次調査に参加し、W7と名付けられた浴室の遺構を担当した。この浴室については、青柳1987[20]に詳しい。発掘調査以前には地表に壁体または天井の崩壊したと考えられた大きな固まりが残され、後にこれは天井の頂部であることが明らかとなったが、この処理をめぐって、1985年の調査では、国内での打ち合わせの段階から様々な議論が交わされていた。壁体か天井かいずれにせよ崩落したものなので調査の進め方としてはこれを除去して浴室の構造を明らかにする方向が考えられたのであるが、一方この下面には浴室内の装飾の漆喰で作られたレリーフが残されているので、これを保護するためにはむやみに破壊して取り除くことはできないだろう、といった議論もあり、方法はともかくとして取り除いて調査しようとする方向だけが一応の共通意見となった。

現地で発掘が進むにつれ、この部分の下にある浴室内を充填していた土は、ここが何回も砂に埋まり、また水をかぶったことを思わせる、やや厚い砂の層と、薄い粘土の層が互層となったものが主体となっていた。したがってこの部分を残したまま浴室の床に到達すべく掘り進めることは大変危険である、という認識を持ったのであるが、イタリア政府の考古局の担当官は、これを取り除

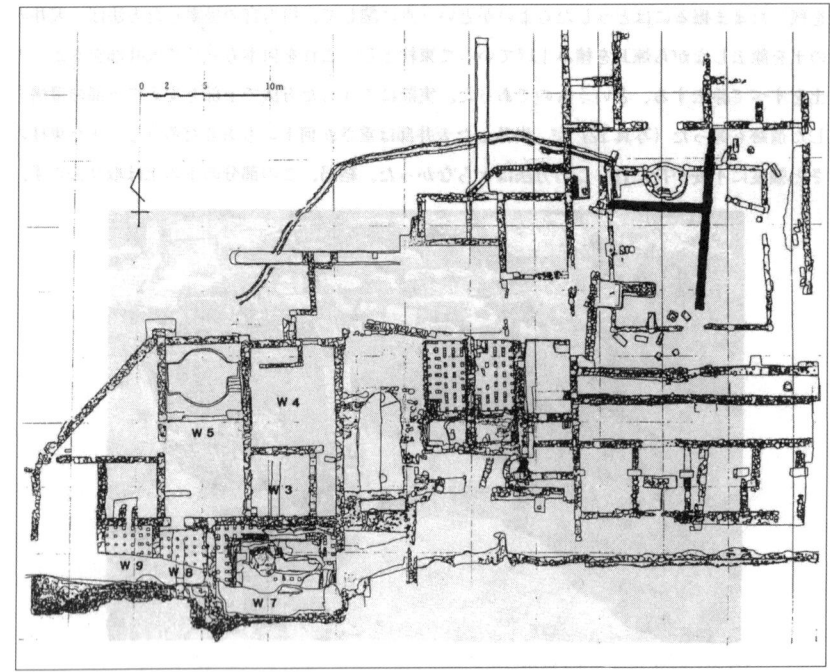

シチリア島レアルモンテのローマ帝政期の別荘遺構（註20より一部改変）

くことには反対し、残したまま発掘するように求めてきた。その理由として、青柳氏の説明によると、この遺跡もいずれ公開することになるのだが、その際に、ここを訪れた人々に、できるだけ遺跡のあるがままの姿を残して見せること、つまり天井が倒壊したのならその倒壊した様子まで見せられるよう

束柱で支えた遺構（シチリア島エラクレア・ミノア Eraclea Minoa 遺跡）

にしておきたい、ということであった。したがって調査をする者の学術的な興味からだけで遺跡を扱ってはならず、常に調査後の一般の人々への公開を念頭に置いた調査がされなければならない、というものであった。それではこれを残したまま掘るにはどうしたらよいかという点に関して、担当官の提案した方

法は、天井の下の土を除去しながら煉瓦を積み上げていって束柱とし、これを何本も立てて天井部を支え、下の土をすべて除去する、というものであった。実際にこうした方法で上部を支えて下部の遺構を残した遺跡もあったが、崩落した天井部は重さが何トンもあるだろうし、また束柱の高さと強度に不安が持たれ、この方法はとらなかった。結局、この部分の下の土は取り去らず、丈夫な壁に支えを渡して暫定的に保護することで発掘を進めた。筆者にとってはこの支えの柱は「精神的な支柱」に過ぎなかったが、幸い調査中は天井の崩落は起こらず、またこれが残る位置は浴室の構造を知るうえでの致命的な妨げとは幸いにもならなかった。

浴室内に残された天井とそれを支えた鉄棒

浴室内に仮設中の屋根

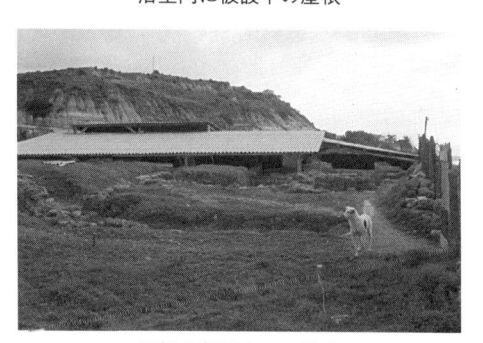

屋根を仮設された浴室

このように遺跡をあるがままの姿にして研究者の興味だけで取り扱ってはならない、という方針はこの遺跡の他の部分でも発揮されている。別荘の中庭にあたる部分にこの別荘が破棄された後に構築された壁の基礎が出てきているが、これも本来の別荘としての建物とは何の関連もないのにもかかわらず、この遺跡の利用のあとを示す、ということであろうか、修復担当者の手で、コンクリートで立派に補強されて残されたのもその例である（図中右上の黒く塗った部分など）。

われわれの調査した別荘遺跡も、発掘が進むとそれに平行して、公開を考えた修復作業が進められた。そのために修復担当官が2名、この遺跡に配置されていて、いくつか出てきたモザイクの床を持つ部屋のモザイクを修復したり、壁に張り付けられた大理石の板がはがれ落ちないようにセメントで補強したり、という仕事を行なっていた。そして必要な部分には仮設の屋根を作って保護することが調査終了後直ちにおこなわれている。

　このような処置は、何度も繰り返すが、調査・修復後の公開を考えての処置である。発掘調査それ自体が、もちろん研究上の要請があることは言うまでもないが、遺跡を活用することを念頭に置いた、というより公開することが当然の処置としてあり、その通過点に過ぎないとして考えられている、とみることもできるのである。シチリア島にも何か所もこうして発掘・修復・整備を経て公開されている遺跡が観光地となっている。アグリジェント市もギリシア時代の神殿あとやローマ・ヘレニズム時代の都市遺跡の遺構が考古学地区の中に残る町であるし、シチリア島中央部のピアッツァ・アルメリーナ Piazza Armerina 郊外の「皇帝の別荘　The Imperial Villa of Caesal」には見事なモザイクが残されて修復されているが、当時のモザイク技術の素晴らしさに感動すら覚える。われわれの調査したレアルモンテの別荘遺跡も、いつかモザイクがきちんと修復され、崩落した壁の大理石も元のようにはりつけられて入場料をとって一般に公開されるようになるのであろう。

②日本の「ふるさと歴史の広場」

　一年間に文化庁に提出される遺跡の発掘調査届が2万件を越える中で、吉野ヶ里遺跡を典型とするような、運よく調査の成果が認められて保存されることになった遺跡は、何らかの形で活用が計られることになる。しばらく前まではあった活用のしかたの根本に関する議論[21]も、今やほとんど聞かれなくなり、遺跡に竪穴住居の建物を復元したり、想像の産物でしかないかもしれない構築物を作ることについての疑問もほとんどないかの如くである。

　さて発掘の結果重要であると認められて保存され国の史跡に指定された遺跡は、公有地化されることになる。当然のことながら公有地化には国民の税金が使われる。税金を投下するにあたっては「遺跡がただ守れるからという凍結保

存方式で未使用地としておくのでは、土地所有者は納得せず、公有化が難しい」(22)などの理由から、史跡となった土地を積極的に利用することが要求される、いわば会計検査院的な発想のもとに取り扱われることになる。文化庁は文化財保護委員会時代の昭和40年度からこのために補助金を出し、大阪府枚方市にある特別史跡の「百済寺跡」を史跡公園化して(23)以来、国の指定史跡の整備を行なってきた。平成元年度からはこれとは別に「史跡等活用特別事業」いわゆる「ふるさと歴史の広場」事業として特に予算をとり、史跡の活用のための事業を推進している(24)。この事業推進のために出された1989年5月29日文化庁長官裁定の「史跡等活用特別事業費国庫補助要項」の中で最近の国の史跡の保存・活用に対する考え方を見よう。

この要項によると、事業期間は単年度でなく「概ね3ヶ年」、補助率は50％（沖縄県は当分の間80％）である。補助対象となる事業は、「史跡等を広く国民の活用に供するために必要」とされる、

 ア 歴史的建造物の復原
  史跡等の空間を視覚的に体験できるような歴史的建造物を実物大で復原する事業
 イ 遺構全体模型の設置
  史跡等の全体範囲等を理解するために、往時の姿の全体模型を設置する事業
 ウ 遺構露出保護展示施設の設置
  史跡等の実物遺構を実際に見るために必要な保存および展示施設を建設する事業
 エ ガイダンス施設の建設
  史跡等を理解するために必要最小限のオリエンテーション及びガイダンスのための施設を建設する事業
 オ その他史跡等の活用上必要と認められる事業

が上げられている（第3項）。

「ふるさと歴史の広場」事業には大きな特徴が2点ある。一つは、これまで取られてきた、発掘された遺構に盛土をしてその上に芝を貼ったり建物の礎石の位置を石を置くなどの形で示す平面的な整備に代えて、建物そのものの復原

をするという立体的・視覚的な形での整備を積極的に進めるようにしたことである。建物の「復原」による整備は、タイでもイタリアでも見られた。ただ、我が国では、遺跡では火災にあった住居のようなごくわずかの例外を除いて、建物の存在した位置や平面的な規模しか残っていない。建築材の問題で、石や煉瓦などで構築された建物は、基礎だけでなく壁や屋根までも残っていることがある。したがって「復原」ではなく「修復」にとどめても十分に立体的・視覚的な整備が行なえる。具体的な建物として現われると、もしかしたら間違っているかもしれない「復原」がそのまま事実に近いものとして受け取られかねない。この点慎重さが要求される。「ふるさと歴史の広場」事業ではマニュアルにのっとったような画一的な処理がなされないことを期待する。

　もう一つはこれまでは原則的に建築が制限されていたガイダンス施設の建設である。文化庁はこれについて「史跡等が占める歴史の流れの中での位置をオリエンテーションすることによって総体的に史跡等の理解を深める」ためのもので「単に出土遺物の並列的展示を目的としたものでない」(25)としている。このガイダンス施設の中にはイにあげられた全体模型や映像資料、いろいろな模型やレプリカ、色とりどりの図表などが置かれるのであろう。しかし遺跡を理解するうえで、遺物は切り離されていいものであろうか。遺跡と遺物とは一体であって、出土遺物を置かずに遺跡の理解を助けるためのガイダンス施設というのはありえるのであろうか。「必要最小限の」というのはこの施設が史跡の範囲内に設けられることも想定して史跡の景観をそこねることのないように、という配慮からであろうし、出土遺物を置くようになったら「必要最小限」の範囲を越えてしまうには違いない。ガイダンス施設には逆に必要最小限の規模であっても、理解を助けるために作られるという遺跡の全体の模型やきれいな図表、映像だけでなく、出土した遺物を置く空間を確保すべきである。

　史跡を立体的・視覚的に復原整備して「活用」していこう、というのが我が国の方向である。整備された結果できあがるのは公園であり、広場である。たいてい一つの遺跡の整備であるから、「風土記の丘」のように広い面積を持ったものではない。そして「活用」の具体的な方法については特に示されていない。それぞれの地方自治体で独自に「活用」の具体的な方法を考えるのである。遺跡を使ってのイベント（島根県斐川町荒神谷遺跡のひかわ弥生まつり・佐賀県

唐津市菜畑遺跡の田植えまつり等)、ディスカッションやシンポジウム（福井県三方町鳥浜貝塚での若狭三方縄文まつり等）など、いわゆる「まちおこし」の一つとしての活用が考えられているところが多いが、この場合、広場の提供以外にどの程度、史跡公園が活用されていると言えるのであろうか。タイでの事例でもみたような、観光資源としての活用例も見られる。富山県朝日町不動堂遺跡は、ほ場整備に先立って発掘調査され、縄紋時代中期の大型住居(26)を含む集落遺跡であることが分かり、昭和49年12月に史跡に指定され、昭和53年度から約4年を費やして大型住居をはじめ3棟の復原住居を中心に整備され遺跡公園となっている(27)。芝を植えた広場・遊歩道と、公園の入り口近くに「休憩舎」という名目での遺物や図表を展示し、復原工事の様子のビデオも見られる「ガイダンス施設」が設けられている。この遺跡公園に隣接して、仁清などの作品や東洋古美術を主な展示資料とする私立の百河豚（いっぷく）美術館がある。宣伝の力であろうか、百河豚美術館には観光バスで団体が訪れたりし、また近くを通る北陸自動車道の朝日インターチェンジから下りてわざわざやってくる自家用車も増えてきているそうである。そもそも百河豚美術館がここに建てられたのは、不動堂遺跡の隣接地ということで、朝日町の「芸術・歴史・文化ゾーン」を形成するためであった。しかし、百河豚美術館の見学者は隣の不動堂遺跡にはほとんど足を向けず、美術館と遺跡公園が一体となった「芸術・歴史・文化ゾーン」としての観光資源としては機能していない。昭和56年に建てられた復原住居は、その後の保全が不充分なようで、柱の根本は腐って今にも倒れそうであり、家であるからにはあってはならない雨水の侵入も許して、床に水たまりがある状態であった。復原される建物はたいてい木造であるから、屋根の吹き替えはもちろん定期的にされなければならないし、木の柱が永久的なものでないことは言うまでもない。復原に際して材料を考え直すか、定期的なメンテナンスを実行する必要がある。美術館に観光客が来てもすぐ隣の遺跡公園になぜ足を向けないか、という理由についてはここで詮索する余裕はない。ただ不動堂遺跡公園の場合、隣の百河豚美術館との関わりは明確でなく、またここに足を向けさせるための努力は十分とは言い難い、ということであろう。

　観光資源としても、町おこしのゾーンとしても、整備した遺跡で入場料をとる、という発想は今のところ我が国では見られない。風土記の丘の場合でも、そこ

に設置された資料館では入館料を徴収することがあるが、遺跡自体での入場料という考え方はない。筆者は公共の博物館や公園のようなところで入場料を徴収することは望ましいこととは考えないが、対価を徴収することで、逆に遺跡に対する認識が高まる、ということは考えられないだろうか。入場料の徴収の当否も含めて検討されてもいいことではないだろうか。

おわりに

　筆者のタイやイタリアでの発掘調査の間のわずかな見聞に基づいて結論づけるのは甚だ危険なことではあるが、ひとまずここでは、タイにおいては、限られたところではあっても遺跡は発掘後は整備して観光資源化をはかり、地域の活性化の手段として活用することがまず考えられていたことを指摘しておこう。またイタリアでも発掘調査と遺跡の整備はほとんど同意義とも言えるようで、それも市民の財産としてとらえられたのであった。

　わが国では、今のところ遺跡をわかりやすくして活用するということで、指定史跡について建物の復原等立体的・視覚的な整備が進められている。ではタイにおいては観光資源化、イタリアでは市民の財産、といったような我が国における遺跡整備の立脚点は何なのだろうか。整備した史跡をどのように活用するかはそれぞれの地域の状況に応じて、ということであろうか。「ふるさと歴史の広場」についての文化庁の要項のなかに「史跡等の空間を視覚的に体験」とか「史跡等を理解する」等のことばがならぶところを見ると、学習の場、的な発想が優先しているようだが、整備することが目的ではなく、そこをどのように活用するかが一番の問題で、地域の人々の日常の生活の中で、特殊な場として活用するのではなく、日常的な活用の場としてとらえていかなければ本当の意味での活用とはなるまい。単なる公園・広場としてではなく、学習の場として活用するならばもっと徹底した野外博物館的な場としていくことが期待されるのである。

註
（1）　青柳正規東京大学教授（現国立西洋美術館館長）を研究代表者とする「シチリアの古代ローマ美術・考古学調査」（第四次）。
（2）　「B. E.」は仏歴で、2504年は西暦1961年。

（3） 新田栄治氏のご教示による。なお地方事務所は次の都市に置かれている。
①ロップブリー Lopburi ②ペッチャウリ Phetchauri ③スコータイ Sukhotai ④チェンマイ Chieng Mai ⑤プラチンブリ Prachinburi ⑥ピマイ Phimai ⑦コン・ケーン Khon Kaen ⑧ナコン・シー・タマラート Nakhon Sri Thammarat ⑨ソンタラ Songkla
（4） 1990年秋の時点で1バーツは約5-6円。
（5） スリン市近くのシコラブーム寺院 Prasat Sikhoraphum は、歴史公園化をめざして調査・整備が行なわれていたが、建物の回りをめぐる堀をパワーシャベルが掘削中であった。1990年11月24日。
（6） 新田栄治・大貫静夫・鷹野光行・西谷大1990「東北タイ先史時代製鉄の歴史的意義—ブリラム県サトゥク郡バンドンプロン遺跡の発掘より—」日本考古学協会第57回総会研究発表要旨
（7） 新田栄治1990『タイ東北地方における先史時代生産遺跡の発掘調査』第2次調査速報 No 2
（8） The Fine Arts Department, Ministry of Education, "The Historical Parks of Thailand" Bangkok 1988
（9） タイ側の資料には、芸術局がフランス人の考古学者の助力を得て、という表現がとられている。Richard, Pierre 'PIMAY Etude Architecturale du Temple, Memoires ArcheologiquesX, Publications de Lecole Francaise d' Extreme-Orient, Paris 1976
（10） 石沢良昭編1989『タイの寺院壁画と石造建築』
（11） 「イサーン Isan」はタイ東北地方のこと。
（12） The Fine Arts Department, Ministry of Education, "ISAN" Bangkok 1989, pp.14・15
（13） インドの蛇神。仏教、ジャイナ教、ヒンズー教などにも取り入れられた。
（14） この写真は現在のものであるがかつては欠けたところはなかった。この完全であった「reclining Vishnu」とか「the god Vishnu in slumber」と表現されるレリーフは、1960年代に寺域から失われていたことが知られている。調査の結果、これがなくなったのが1961年から65年の間で、この間にここに舞い降りたヘリコプターがあったこともわかった。後にこのブイシュヌのレリーフはアメリカ合衆国のシカゴ美術館 the Art Institute of Chicago に展示されていることがわかり、タイ政府は返還交渉を行ったが容易ではなく、25万ドルを支払うとか、

代わりに何点かのタイの美術工芸品をシカゴ美術館に置く、などの条件でようやく1988年12月、タイに戻ったのである。すでに歴史公園は一般公開されていた。こうした出来事があって、「ここを知らない人はほとんどいない」と表現されるほどタイの人々に有名なのである。

The Fine Arts Department, 1989. p.14

(15) Suchitra Vuthisathira, 'The Impact of the Skhothai Historical Park on Education andTourism, Y. Ishizawa, Y. Kono and V. Rojpojchanarat (ed.), "Study on Skhothai" the Institute of Asian Cultures, Sophia University, 1988

(16) Y. Ishizawa, Y. Kono and V. Rojpojchanarat (ed.), "Studyon Skhothai" the Institute of Asian Cultures, Sophia University, pp.158〜160、1988

(17) Srisakara Vallibhotama, 'History and the "historical garden" Epidemic' Muang Boran Journal Vol.13 No.3, 1987

(18) 同上. p153

(19) 青柳正規1979『アグリジェント近郊のローマ帝政期の別荘』(「シチリアの古代ローマ美術・考古学調査―第一次―」概報Ⅰ) 筑波大学芸術学系　青柳正規1981『アグリジェント近郊のローマ帝政期の別荘』(「シチリアの古代ローマ美術・考古学調査―第二次―」概報Ⅱ) 筑波大学芸術学系　青柳正規1983『アグリジェント近郊のローマ帝政期の別荘』(「シチリアの古代ローマ美術・考古学調査―第三次―」概報Ⅲ) 筑波大学芸術学系　青柳正規1987『アグリジェント近郊ローマ帝政期別荘の浴場について』『東京大学文学部文化交流研究施設紀要』第8号

(20) 前掲 (19)

(21) 児玉幸多ほか1967「(座談会) 史跡の保存をめぐって」『日本歴史』227・228　森浩一1970「文化財行政への疑問 遺跡保護のあり方」『観光』33　仲野浩ほか1979「(座談会) 文化財保護と開発をめぐって」『文化財保護の実務』

(22) 安原啓示1979「遺跡の修景的整備」『文化財保護の実務』p.756.

(23) 田代克己1966「河内百済寺跡」『月刊文化財』34

(24) 初年度の平成元年度は4億円が計上され、八戸市根城跡、福岡市板付遺跡など8件に交付された。1989文化庁記念物課「「ふるさと歴史の広場」事業について」『文化庁月報』No.253

(25) 前掲 (24) 文化庁記念物課1989

(26) 大型住居の的確な定義はないが、不動堂遺跡の第2号住居址は東西約17m、南

北約8m、面積が約120㎡で、一般的な大きさの住居址の4～5倍の規模を持つ（富山県教育委員会1974『富山県朝日町不動堂遺跡第一次発掘調査概報』）
(27) 1991年7月20日に現地踏査。

4 イタリア共和国・タルクィニアの調査

　私は大学では考古学を学んできた。卒業論文や修士論文などを通じて専門としてきたのは、関東地方の縄紋時代晩期の土器についてであったが、大学院に入ったときに、この先やっていくうえに一番欠けているのは、自分自身の発掘調査の経験であると自覚し、5月の連休明けからつてを求めてまず古墳の調査に参加した。夏休みは大学の先輩の指導する船橋の発掘に出て、約40日、光化学スモッグ注意報が連日出る中発掘を続けた。この船橋での発掘で、当時東大の助手であった鈴木昭夫さんとよく知りあうことができた。ここでの仕事を鈴木さんが認めてくれた、といったことなのだろう、現在東京大学副学長で、当時筑波大学助教授だった青柳正規さんのイタリアのシチリア島での調査に鈴木さんが私を推薦してくれた。シチリア以前には、東京大学の東洋文化研究所のイラン・イラク学術調査室のイランでの調査に参加したことがあり、半年間であったが、前半の3ヶ月はイランの山の中の村の家を借り、週に一度のお風呂を楽しみにする生活であった。このかなりハードな海外調査の経験はあったし、またたいていのところなら適応できるだろう、という妙な自信もあった。シチリアの調査は1979年から始まって、この頃の文部省の科学研究費補助金による海外調査は1年おきだったので、1981年、1983年、1985年と4回行なわれた。79年のときはまだ参加せず、次の81年の調査から誘われたのである。ところが、81年のときは私はもう大学に籍はなく、ある町の市役所に勤めていたので、参加できる資格もないしまた3ヶ月も役所の方で出してくれるはずもなかった。次の83年の時は現在の職を得ていたので、私も行くつもりであったし、回りもそんな雰囲気であった。しかし、私のことをよく心配してくれるある方から、まだお茶大にいって間もないのだから、長期間の海外調査に参加することなどは遠慮した方がよい、と強いアドヴァイスがあり、渋々ではあるが従わざるをえなかった。

　5年越しの思いがやっと実現したのは1985年であった。そしてこの年の調査でシチリア島での調査は一応のケリをつけ、翌年からはここでの話の表題にも

あるタルクィニアに調査地を移すことになった。

当初私のシチリアの調査への関心は、全く正直なところ、まだ行ったことのない外国であるイタリアへいける、ヨーロッパの先進国へいけるのはうれしい、というようなかなり単純なものだった。しかし、シチリアで発掘のかたわらあちこちの遺跡を見て回り、またわれわれの調査した遺跡自体が後でイタリアの考古局の手によってどう処理されるのかを目の当たりにした時、今まで自分の専門としてきた考古学と、お茶大に勤めて関係するようになっていた博物館というものの接点が見つけられたような気がした。遺跡はただ掘るだけでなく、研究者の手によって発掘されるためだけのものでもなく、何のために誰のために掘るのか、掘ったらその成果は広く市民に公開し成果を還元しなければならないという理念に支えられてこそ調査が行なわれるのだということ、そのために調査された遺跡はきちんと保存し遺跡博物館や遺跡公園が作られていく、ということを実際に目にすることができたのである。これは考古学と博物館学の接点である、と思った。

それからは今度はイタリアで調査をすること、イタリアへ行くことの意味というものも自分の中でしっかりと見られるようになって、次の調査の開始が待ち遠しいものになった。タルクィニアでの調査はまず1986年に遺跡全体の測量と地図の作成が行なわれたが、これには私は参加していない。この時の測量調査でのある失敗が尾を引いてその後しばらく発掘調査にかかることができなかった。やっと発掘の開始にこぎつけたのが1992年7月である。

タルクィニアの位置はローマから北西に約100km、車で1時間強、列車でも1時間半くらいのところにある。タルクィニアは、昔からローマ時代より前のエトルリア人の文化の中心地だったようで、町の郊外に紀元前6世紀から2世紀にかけての彼等の彩色された壁画のある墓がたくさんある墓地遺跡があって公開されていることで有名なところである。私たちが調査をはじめた遺跡は、「Villa Romana a Cazzanello ヴィラ・ロマーナ・ア・カッツァネッロ」、つまりカッツァネッロにあるローマ時代のヴィラ、別荘、という名前で、タルクィニアの町から車で15分ほどの日本でいう小字名をカッツァネッロというところの、ルネサンスの頃から続いているという侯爵だか伯爵だかというサッケッティ家という元貴族の私有地の畑のなかにある（図参照）。

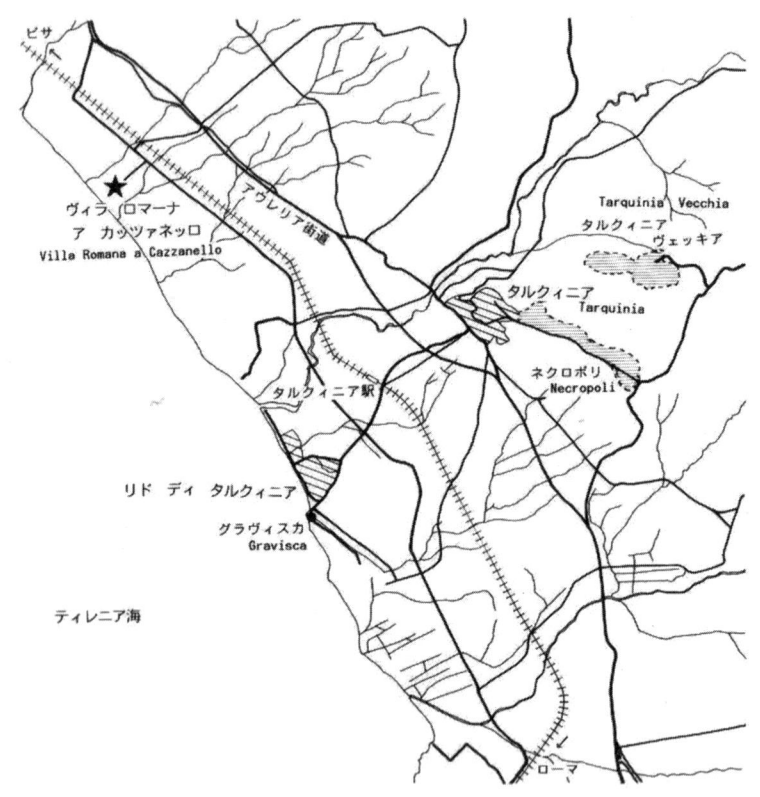

カッツァネッロの位置（東京大学文学部文化交流研究施設研究紀要10 1994より）

　この調査の参加メンバーは、調査団長である青柳教授、そして私がこの調査に加わるのに大きなきっかけとなった鈴木昭夫さん、考古学からは私と大阪文化財センターから調査員の方が2人、前半と後半で交代で来てくれ、2年目からは福岡市教育委員会からも人を出してくれるようになったが、他に大学院生などが参加する。美術史からも大学院生や助手、イタリアに長く留学しておられた現在は弘前大学の助教授である宮坂朋さん、彼女はもちろんイタリア語ができるから、通訳もしてくれていた。建築史の熊本大学伊藤重剛助教授、現在九州東海大学助教授の渡辺道治さんと熊大などの院生、保存科学から京都造形芸術大学の内田俊秀さん、この方もイタリア語ができる。ほかにも東大の美術史の学生とかお茶大の学生とか、いろいろな人が加わった調査団で、2年目以

後もこんな性格は変わりがない。渡辺さんはイタリア語も駆使して雑用係を引き受けてくれた。

　私の役どころは副団長格で、発掘全体の責任を持つ立場である、というのがメインであったが、青柳先生はとにかくお忙しい方なので、１年目こそずっといてくれたのだが、２年目からはあまり現場におられることができなくなり、３年目はほとんどイタリアにすら来られず、私の責任は非常に重くなってしまった。

　実は発掘現場にはもう一人、発掘に参加する重要な人が来ていた。後で説明されたことであったが、この人が調査に参加することがイタリアの考古学当局の発掘許可の条件だったということであった。ポーランド人の女性で、イタリア人と結婚してイタリアをフィールドとしている考古学者のマルゲリータ・ズラスカという方で、我々は彼女をマルさんと呼んでいた。事情がわからないうちは、勝手にやって来ていろいろと口を出すいやなヤツだ、とか、イタリア当局からのお目付役だろう、つまりインスペクターかな、と思ったりしていたが、正確なところは、調査メンバーで、役割は当局に提出する調査日誌を書く、というものであった。この調査日誌は毎年提出を義務づけられるもので内容は文字通り日誌で、今日はどこを掘った、何が出てきた、というようなもので、考察などは含まれないものだそうだ。ところがこの日誌を書くということで彼女は我々の調査のあらゆる部分に介入してくるわけである。日誌を書くにはすべての状況を把握していなければならない、というわけだ。そして当初はそもそも我々の調査にえらく疑いを持っていたようだった。つまり発掘調査といってもただやたらと目立つ遺構や珍しいものだけを掘り出すようなことをするのではないか、調査という名の宝探しをやるのではないか、というような思いがあったようだ。我々は我々で、日本の発掘技術は世界でもトップ水準にある、と思っているから、いちいち発掘の仕方に口を出されるのはたまらない思いがした。ましてはるばる日本からでかけていってほんの７週間くらいのなかで一定の成果を上げなければならない立場では、発掘の基本に立ち返る余裕はなく、いわば常に応用問題を解くという覚悟で発掘に臨んでいたわけである。ところがマルさんは常に基本問題を繰り返し解かせようとする。そうしないと私にはわからない、日誌が書けないと言い出す。そうなると仕方なく彼女の言い分を通さ

ざるを得なくなる。言葉の問題も大きかった。私は今もってイタリア語はできないが、通訳をしてくれる人がいなければマルさんとの折衝はできないわけである。青柳先生がいてくれれば彼女は私との話がうまくつかなければ青柳さんに持っていってそこで私も交えて話をして解決することができた。そうでない時は結局間に通訳してくれる人をたてての話し合いがあるわけである。

　8月の半ばに一週間の休暇があって、この休暇中に皆でポンペイに出かけたが、日本人の団体もたくさん来ていて何やらホッとした気分になったと同時に、今度はすれ違う白人の女性がみんなマルさんに見えてしまったほど、放っておけばノイローゼにもなりかねなかった。でもそうはならなかったのは、鈴木さんはじめ、一緒にいた仲間たちのおかげだろう。

　私とマルさんの関係がガラッと変わったのは、アンフォラにこどもを埋葬したお墓が出てきた時であった。アンフォラが一個、横たわった形で出土して、これが出てきたちょうどその日にはなんとなく得体の知れないうさんくさい感じの人たちが何人か見学にやって来ていた。発掘現場は私有地であるから、入口の門には鍵がつけられているのでそんなに誰でも出入りできるという環境にはなかったはずだが、海岸のすぐそばということもあるからだろうか、裸で海辺で体を焼く人たちが入ってきたり、土地の所有者と関係のない人の出入りはかなりあった。そのうさんくさい連中が、アンフォラの出たところを見てしまったのでマルさんはえらく警戒した。というのはこのタルクィニアというところは、昔から盗掘が盛んなところで、発掘調査をしていると必ずといっていいほど泥棒にやられるという土地柄なのだそうである。現にこの年調査の終了近くになって、現場においてある機材を入れた倉庫が荒らされ、また遺跡で出土したモザイクのテッセラが盗まれた。タルクィニアにたくさんあるエトルリア時代のお墓は副葬品が豊富なので、うまく一つ盗掘できれば一生食うに困らない財産ができるそうだ。そんな地域であることをマルさんは十分承知していて、自分でも発掘泥棒に被害を受けたことがあり、このアンフォラは今日中に図や写真をとって取り上げよう、と強硬に主張したのである。その段階ではまだこれがお墓である、という認識はもっていなかったので、今日中には処置できるだろうからまあ言うとおりにやろう、ということで作業は進んだ。そしていよいよ取り上げようという段になり、まるまるその形で取り上げるよりも破

カッツァネッロ出土子どもの墓（東京大学文学部
文化交流研究施設研究紀要9　1993より）

片にして取り上げるほうが簡単であるから、割れ目のあるところから少しずつ取り上げていくと、中から骨が出てきてしまった。人骨である。子どもの骨が入っていることがわかった。その段階で午後4時頃、一日の作業は大体4時半頃終りにしていた。人骨が出てくればお墓であるから、その埋葬の方法、残っている骨の様子、位置をきちんと図に書き入れ写真もとらなければならないし、その前提としてまず残っている骨を全部きれいに掘り出さなければならない。人間の骨はほかの動物に比べるともろいしできの悪いもので、土を取り除いていくのにはずいぶんと丁寧に神経を使ってやらなければならない。土器片などを掘るのと違って時間がかかる。今日はここで止めておこう、という意見もあったが、マルさんは例によって強硬に今日中の処理を主張し、青柳さんの決断もあって続けることになった。お墓の処理をしたことのあるのはこの段階で日本人は私だけ。他のメンバーは家に帰り、青柳さん、鈴木さんと私と大阪文化財センターの松山さん、そしてマルさんが残って作業を続けた。結局作業は日がすっかり落ちてあたりは真っ暗になり、車のライトをあてにして図を取る、ということになった。図は私が書いた。マルさんにやってくれ、といったのは断られた。

　でもこの時頑張ったことがマルさんが私たちを見直すきっかけを与えたのだろう。自分にできないことを我々ができる、という認識も持ったのだろうか。このあと、私とマルさんは直接話をすることを心掛けるようになった。間に通訳の係をなるべく入れず、おたがいに非常にへたくそな英語を使って直接に話をするようになった。私にとって幸いだったのは、マルさんも英語は苦手で、母国語であるポーランド語、ロシア語、そしてイタリア語は話せるが、英語は私よりはかなりましである。私もとくに英語の会話の訓練などしたことはない。英語で話しているのに時々イタリア語の単語が混じったり、どこの言葉でもいい、とにかく直接に意志を通じあおうとすることの大事なことを痛感した。

ヴィラ・ロマーナ・ア・カッツァネッロ遺跡　1994年度までの発掘（東京大学文学部文化交流研究施設研究紀要11　1994より）

　2年目からは青柳先生があまり現場に居られないということもあったので、とにかくお互いのコミュニケーションがうまく行くこと、そして何よりも調査がスムーズに行くこと、これが私の一番大切な仕事であると認識し、私が直接マルさんと交渉するという場面をなるべく作らないようにした。私が出ていってあれこれ言い出すとそれはもう最後の場面で、衝突するか妥協するかのどちらか一つになり、もし衝突してしまったら終りだ、と思っていた。そんなところはほかのメンバー達はきっとふがいないという思いをしていたことと思う。

　調査は2000年までは続けることになっているが、やっとこれがヴィラであることが確認できた程度で、その全容を解明しようとするならばまだ相当に時間

はかかるだろう。そしてこの遺跡がそのあとどういうふうにイタリア国民の財産として活用されるようになるのか、つまり私の研究テーマとの直接の関わりができるようになるにも相当かかる、ということになりそうだ。

　その後この調査は2002年まで続けられ、私有地であったため埋め戻された。

おわりに

　私にとって博物館学という分野は、大学という場に職を得てから対峙したものである。ある学問分野の多くの専門家のように、大学や大学院を通じて学び、そしてその分野の先進地域である外国に留学して学問を深め、研究をし論文を発表し、という普通の学び方はしてこなかった。はじめのうち見よう見まねで書いたに等しい「論文」を、「こういうものを書かなければならないのですか」と失笑されたこともある。

　大学在学中には教員の免許を取るべく単位を取得したが、学芸員の資格は取得しなかった。それにもかかわらず、発掘調査担当の職員として就職した教育委員会で、「学芸員」と書かれた名札をもらった時、自分は資格を持たないのに学芸員と名乗るのか、と違和感をおぼえたのが学芸員との関わりの最初であった。学芸員の資格を持たないものが学芸員の養成に関わるというのはどうなのかな、と思ったのはしばらくたってからのことである。また現場の経験のないものが、というような批判をされたこともある。しかし、大学で2年以上博物館学に関わる授業を常勤の立場で担当すれば学芸員資格の無試験認定の受験資格が得られるのだし、博物館学の研究と学芸員養成は一対一のものではないだろう、と理解している。

　1981年から学芸員養成課程にたずさわってきて、これまでに550名余りの学生が実習を受講し、そのほとんどが学芸員の資格を得ている。そのうち、把握しているだけで40名以上の方がその資格を活かし、現場でがんばって立派な実績を上げてくれている。そんな学生たちと一緒にやってこられたことは私の誇りでもある。

　私にとっては博物館学といっても、その思考の基盤はあくまでも考古学によって培われたものである。大学に就職したときに、前任の先生から考古学ではなく博物館学つまり広い意味での教育学の人になりなさい、とアドヴァイスをされずっとその思いをもってやってきたつもりである。しかし私は雀百まで、のたとえのように最初に身につけたものから完全には離れることはできなかっ

た。その点で、いまになってみると、本書の第4章の中味が乏しいのが今後への課題である。

　以下に本書に掲載したものの初出を掲げた。古いものも多くあるが、改めて言わせていただくと、初心はいまでも変わらないから、である。

　第1章　博物館を考える
　　1　博物館の現状をめぐって（『地理』29巻10号　1984　古今書院）
　　2　展示の意義について（『お茶の水女子大学博物館実習報告1』1985　お茶の水女子大学学芸員課程委員会）
　　3　社会教育と文化—文化財の保護の観点から（『人間発達研究16』1991　お茶の水女子大学心理・教育研究会）
　　4　博物館をつくろう（『お茶の水女子大学博物館実習報告8』1993　お茶の水女子大学学芸員課程委員会）
　　5　制度からみた博物館（『博物館学雑誌』22巻1／2合併号　1997　全日本博物館学会）
　　6　エコミュゼと生涯学習（『お茶の水女子大学博物館実習報告18』2003　お茶の水女子大学学芸員課程委員会）
　　7　博物館ボランティアを考える（『お茶の水女子大学博物館実習報告22』2007　お茶の水女子大学学芸員課程委員会）
　　8　これからの中小地方博物館の在り方（北海道JMMAフォーラム　2008　日本ミュージアム・マネージメント学会）
　　9　文化財保護機関としての博物館の成り立ち（『早稲田大学考古調査士テキスト　文化財の保存と活用』2008）
　　10　博物館とは何か（『早稲田大学考古調査士テキスト　文化財の保存と活用』2008）
　第2章　学芸員の制度をめぐって
　　1　学芸員をめぐる課題—解決への方策を探りながら（『お茶の水女子大学博物館実習報告11』1996　お茶の水女子大学学芸員課程委員会）
　　2　「博物館情報論」と「博物館経営論」（『お茶の水女子大学博物館実習報告13』1998　お茶の水女子大学学芸員課程委員会）
　　3　日本学術会議の二つの報告を読んで（『全博協研究紀要8』2004

全国大学博物館学講座協議会）

 4　学芸員養成に関する大学の課題（『JMMA会報49』2008　日本ミュージアム・マネージメント学会）

第3章　博物館実習のあれこれ

 1　お茶の水女子大学の実習の現状（『平塚市博物館年報7』1983　平塚市博物館）

 2　学芸員養成における博物館実習について（『Mouseion　35』1989　立教大学学校・社会教育学講座）

 3　博物館実習を考える（『美術館教育研究　4-1』1993　美術館教育研究会）

第4章　考古学と博物館

 1　野外博物館の効用—遺跡を活用する視点から（『お茶の水女子大学人文科学紀要37』1984）

 2　博物館資料としての考古学資料（『人間発達研究13』1988　お茶の水女子大学心理・教育研究会）

 3　遺跡の整備・活用について—タイにおける事例を中心に—（『お茶の水女子大学人文科学紀要45』1992）

 4　イタリア共和国・タルクィニアでの調査（『お茶の水女子大学博物館実習報告14』1999　お茶の水女子大学学芸員課程委員会）

　編集を担当して下さった原木加都子さんには書名のことをはじめ、本書をよりよくするためにいろいろとアドヴァイスをいただいた。原木さんのご理解なくしては本書はできなかったことでもあり、深く感謝する次第である。

著者略歴
鷹野　光行（たかの　みつゆき）
1949年　東京都生まれ。1972年東京大学文学部卒業、1979年東京大学大学院博士課程単位取得退学後、日本学術振興会奨励研究員、市原市教育委員会勤務の後、1981年お茶の水女子大学講師。助教授を経て1996年教授、現在に至る。生涯学習審議会専門委員（社会教育分科審議会）、お茶の水女子大学評議員、お茶の水女子大学附属高等学校校長、全日本博物館学会会長、日本ミュージアム・マネージメント学会理事などをつとめ、現在文部科学省「これからの博物館の在り方に関する検討協力者会議」委員、お茶の水女子大学附属学校部長。
　主な著作は『縄文文化の研究4』（共著）、『人間の発達と社会教育学の課題』（共著）、『新版博物館学講座』第6巻・第12巻（責任編集）。

博物館学特論～博物館と考古学の接点を求めて～

2010年5月18日　第一刷

著　者　鷹野光行
発行所　慶友社
　　　　〒101-0051
　　　　東京都千代田区神田神保町2-48
　　　　電話　03-3261-1361
　　　　FAX 03-3261-1369
　　　　組版／製本＝㈱亜細亜印刷
　　　　装幀＝富士デザイン

© Takano Mitsuuki 2010 Printed in Japan
ISBN978-4-87449-244-4 C1037